JN064657

情報吸収力を高める
キーワード読書術

Key word Reading

村上悠子
Yuko Murakami

フォレスト出版

はじめに

なぜ同じ本を読んでも、欲しい情報を「とれる人」と「とれない人」がいるのか？

あなたは今までに、次のような経験をしたことはありませんか？

・本を読んでも、まったく内容を覚えていない。
・家の本棚にある本を見ても、どんなことが書いてあったのか思い出せない。
・読んでいる途中で、以前にも読んだことがある本だと気づいた。

・「最近読んだ本」や「オススメの本」を聞かれても、何も思い浮かばない。

これらは、本書を手に取っていただいている方なら、きっと一度は経験しているであろう、「読書あるある」ではないでしょうか。何かと忙しい日々の中で、貴重な時間を費やして読書をしたのに、まったく情報がとれない。実にもったいない話です。

なぜ、このようなことが起こってしまうのでしょうか。

「理解力が足りないから」「記憶力が悪いから」というのは、正解ではありません。本を読んでも情報がとれないのは、ズバリ、**「読む前にキーワードを設定していないから」**。

普段、何か調べたいことがあるときは、Googleで検索しますよね。いわゆる「ググる」という行為ですが、これは検索ボックスにキーワードを入力することで、欲しい情報をとっているわけです。キーワードを入れなければ、当然、何の情報も表示されません。

Googleの画面を開いた瞬間に、何を検索しようとしたのかを忘れてしまった……。たまにこういうことってありませんか？

よくやらかしてしまう私は、いつも「自分はいったい何が知りたかったんだろう……」と気になってモヤモヤするのですが、キーワードがわからないことにはその先の情報に辿り着けない。

つまり、現代においては、**「情報をとること」と「キーワードを入力すること」は常にセットになっている**のです。

これを読書に当てはめて考えると、本を読む前に「キーワード」を設定して、それを「検索するような感覚」で本文を読めば、欲しい情報がとれると思いませんか？

設定されたキーワードから記事を漏れなく探し出す世界

まあ言いたいことは何となくわかるけど、「なぜそこまでキーワードにこだわっているのか」と、疑問に思われているかもしれません。その理由を説明するために、ちょっとここで自己紹介をさせてください。

私は「クリッピング」という仕事をしている30代の会社員です。**クリッピングとは、**

「新聞・雑誌の中から必要な記事を探し出すこと」を言います。

たとえば、あなたが上野動物園のジャイアントパンダ「シャンシャン」が大好きだとします。笹の葉っぱを食べたり、木登りをして遊んでいる姿を見るだけで癒やされる。だから、好きなアイドルの切り抜きを集めるような感覚で、シャンシャンの記事を集めたい、と。

でも毎日、新聞を読んで記事を探したり、切り抜いたりするのは時間と手間がかかりますよね。記事が必ず載っているかどうかもわかりません。そんなとき、自分は何もしなくても、家にシャンシャンの記事が送られてくるようなサービスがあったら、便利だと思いませんか？

「シャンシャンが雪遊び初体験！　積もった雪に興味津々」
「シャンシャンが完全に独り立ちへ！　母親と別居する最終訓練を開始」
「シャンシャン、順調に成長！　人工ミルク卒業へ」

など、世の中で発行されている新聞・雑誌に掲載されたシャンシャンの記事をすべて集めて、あなたの元に届ける。これが「クリッピング」という仕事です。なんとなくイメージできるでしょうか？

その人に似合う〝服装〟を選ぶのがパーソナルスタイリストなら、その人が必要としている〝記事〟を選ぶのがクリッピング。「情報収集の手間を肩代わりする作業」と言い換えるとわかりやすいかもしれません。**私はこの仕事を14年間続けてきた、〝プロの調査員〟（＝クリッピング業務をしている人のこと）**です。

調査員の1日をひと言で表現すると、「ひたすら新聞と雑誌を読む」だけ。毎日、朝から晩まで活字の海に溺れながら、依頼された記事を一生懸命探します。仕事の相手は、〝人間〟ではなく〝活字〟。石原さとみさん主演の「地味にスゴイ！　校閲ガール・河野悦子」というドラマがありましたが、あの校閲部のオフィスの雰囲気（地味で、とても静か）と少し似ているような気がします。

これまでに私がクライアントに提供してきた記事は、**合計で20万記事以上**。その対価として、給料をもらってきました。私にとって、情報をとることは生活の手段。とれたらいいな（want to）ではなく、絶対にとらなければならない（have to）ものなんです。

キーワードがそこにあるから、人は頑張って探し、情報がとれる

クリッピング会社は、クライアントが欲しい情報に含まれる「キーワード」で注文を受けます。

①どのような記事を集めたいのかを聞いて、②適切なキーワードを設定し、③調査員はそのキーワードが入っている記事を探します。

「そこにキーワードがある」から人は頑張って見つけようとするし、「そこにキーワードがある」から情報がとれるわけです。

私たちは、目が見えるからといって、すべてのものが視界に入っているわけではありません。たとえば、あなたの家の一番近くにある①歯医者、②郵便ポスト、③公衆電話。これらがどこにあるか、すぐに答えられますか？

しょっちゅう目の前を通って、実際には見えているはずなのに、関心がないときは

見えないでしょう。虫歯ができたときに「歯医者」。年賀状のシーズンが到来したときに「郵便ポスト」。スマホが壊れたときに「公衆電話」。

これらの**キーワードが頭に設定されて、意識して見るようになって初めて、「こんなところにあったんだ」と気づく**んですよね。

これは、脳科学の世界では、**「脳の焦点化」**と呼ばれるそうです。

この「脳の焦点化」の原理を読書に当てはめると、なぜ今まで情報がとれなかったか、おわかりいただけると思います。

目の前の本にはきっと欲しい情報が載っていたのに、そしてその部分は確実に読んだ（見た）はずなのに、あなたにはそのフレーズが見えなかった。なぜなら、頭の中に「キーワードが設定されていなかった」からです。

人は、自分が見ると決めたものしか見えない。

だから、本を読む前には必ず何を見るか、「キーワード」を決めておかなくてはなりません。**キーワードを制する者は読書を制する。**タワーレコード風に言えば、「NO KEYWORD, NO READING」です。

欲しい情報を手に入れ、忘れない「キーワード読書術」大公開

キーワードを設定するか否かで、得られる情報量がぜん変わってくることはおわかりいただけたと思います。

ただ、キーワードを設定するにも、そのキーワードから欲しい情報をしっかり拾い上げるにも、いくつかの重要なポイントやコツが存在します。

本書では、私が14年に及ぶクリッピング業務で培ってきた「キーワード」を駆使した「欲しい情報を漏らさない本の読み方」のノウハウを余すところなくお伝えしていきます。

まず**第1章**では、なぜ今までは欲しい情報がとれなかったのか、その理由を「外的要因」（環境のせい）と「内的要因」（自分のせい）に分けて詳しく解説します。

第2章では、「キーワードを設定する方法」として、〝自分のキーワード〟の見つけ

方や、〝センスの良いキーワード〟とはどういうものかを説明します。「自分を知ること」や「自分を掘り下げること」にも、お役に立てる内容になっています。

第3章では、「設定したキーワードが出ている本を選ぶ方法」として、自分の欲しい情報が載っている本の選び方を説明します。これは、見当違いの本を読んで、時間とお金を無駄にしないようにするためです。

第4章では、「キーワードをアップデートする方法」として、読書中に設定したキーワードが出てこなかった場合や、途中で気になるキーワードが出てきた場合はどうすればいいのか、具体例を交えながら対処法を説明します。

第5章では、「読書でさらに情報を吸収する」ために、キーワードと並行して頭の中に設定しておいたほうがいい「テーマ」を5つ紹介します。キーワードとテーマ、2種類のアンテナを縦横無尽に張り巡らせることで、より多くの情報がとれるようになります。

最後の**第6章**では、アウトプットの場として、インスタグラムで読書記録をつけることのメリット、テキストの書き方、ハッシュタグの付け方、多くの人に見てもらうための上級テクニックなどを解説します。

私自身、インスタグラムで「読書記録専用アカウント」(@no_name_booklover)を運用しています。投稿頻度が高いので注目されたのか、おかげさまで今では数多くの出版社の公式アカウントからもフォローしていただけるようになりました。ここでフォロワーとのやりとりを通じて学んだことや、投稿した本の著者や出版社(版元)からどんなリアクションがあったかなど、体験談を余すところなくお伝えします。

同じ本を読んでも、欲しい情報を〝とれる人〟と〝とれない人〟がいます。繰り返しになりますが、両者のたった1つの違い、それは**「読む前にキーワードを設定しているかどうか」**。

読書は1ページ目から横一線でスタートするのではなく、実は読む前に大きな差がついているんです。

本には金言がたくさん詰まっているのに、「事前準備」が足りないがために、それを掴み取れないのはあまりにももったいない!

本書を読めば、あなたも「情報がとれない人」から「とれる人」へ、劇的な変化を遂げられるはずです。

情報吸収力を高めるキーワード読書術◎CONTENTS

第1章　なぜ、今まで「欲しい情報」がとれなかったのか？

第2章 キーワードを設定する方法

第3章

設定したキーワードが出ている本を選ぶ方法

第4章 キーワードをアップデートする方法

第5章 読書でさらに情報を吸収する秘策

第6章 インスタグラムに読書記録を残そう！

装幀◎河南祐介（FANTAGRAPH）
本文デザイン・図版作成◎二神さやか
DTP◎株式会社キャップス

第1章

なぜ、今まで「欲しい情報」がとれなかったのか？

「クリッピング」と「キーワード」

「はじめに」でも触れましたが、私が14年間従事している「クリッピング」という仕事について、もう少し詳しく説明させてください。クリッピングとは、新聞・雑誌の中から必要な記事を探し出すこと。そして、クリッピング会社はクライアントが欲しい情報に含まれる「キーワード」で注文を受けます。

現在、依頼されているキーワードは、なんと1500個！

「はじめに」の事例で出てきた「シャンシャン」のようなキーワードが、1500個あるということですね。しかもその内容は、ビジネス・医療・食品・化粧品・スポーツ・音楽など、多岐にわたります。

たとえば、渋谷のスクランブル交差点を歩いているときに、あなたはすれ違う人の「メガネ」「帽子」「コート」「靴」「カバン」、いくつまでなら同時にチェックできるでしょうか？　「メガネしか無理」という人もいれば、「5つぐらいなら全部いける」というツワモノもいるかもしれません。

【あなた】
・見るもの → スクランブル交差点ですれ違う人
・頭に入れるキーワード → メガネ、帽子、コート、靴、カバン
・同時にチェックできる数が多いほどすばらしい

【プロの調査員】
・見るもの → 新聞と雑誌
・頭に入れるキーワード → クライアントから依頼された１５００個
・すべてを同時にチェックしなければならない

クリッピング業務において、プロの調査員に与えられているミッションは、依頼された１５００個のキーワードが掲載されている記事を、「目視」ですべて漏らすこと

なく見つけること。

「そんなの本当にできるのか？」と思うでしょう。できないんです、誰でも最初は！

そもそも、「調査員＝特殊能力の持ち主」というわけではありません。東京大学やハーバード大学など、いわゆる超名門大学を卒業した人は一人もいませんし、「人とかかわらない仕事がしたかった」というちょっぴり消極的な志望動機の人や、入社した時点では業務内容をよくわかっていない人も多いです。

そんなごく普通のスペックの新人に、「今からこれを読んでクリッピングをしてみて」と言って新聞を渡すとどうなるか？

まあ見事なまでに、見落としてしまうんですね。情報をとるのが仕事なのに、まったく情報がとれない。これでは使い物になりません。

情報を「とれる人」と「とれない人」は、何が違うのか？

同じ新聞を読んで、「シャンシャン」の記事を目ざとく見つけるベテラン調査員と、見つけられない新人。いったい何が違うのか、ちょっと脳内を覗いてみましょう。


【新人】

特に何も考えず、漫然と読んでいるので、シャンシャンの記事に気づかない。

（＝あてもなく、ブラブラ散歩をしている）


【ベテラン】

最初から「絶対にシャンシャンの記事を見つけるぞ！」という強い意識を持って読んでいるので、キーワードが目に飛び込んでくる。

（＝目的地に向かって、意志のある足取りで歩いている）


つまり、ベテラン調査員は、**①読む前にキーワードを頭に入れて、②そのキーワードを狙って読んでいる**のです。

先に決めて読むから、目当ての記事がアンテナに吸い寄せられてくる。そして、アンテナの感度もすごく高い。携帯電話の電波の受信状況がいいと、アンテナのマークが3本立ちますが、「シャンシャン」というキーワードに対して「バリ3」（＝バリバリに3本立っていること）になっているようなイメージです。

一方の新人は、電波が1本……ではなく、アンテナそのものが立っていない。1500個のキーワードを1日や2日ですべて覚えるのは無理な話なので、これは仕方がありません。誰もが「圏外」からスタートして、研修期間に何度も記事の見落としを指摘され、悔しい思いをしているうちに、電波が1本、2本と立つようになる。だんだん見つけられるキーワードが増える。

このようにして人は、情報がとれるようになっていくのです。

女子ゴルフでフォン・シャンシャンという強い中国人選手がいるのですが（リオ五輪で銅メダルを獲りました）、時には、アンテナの感度が高くなりすぎて、「フォン・シャンシャンが優勝」という記事を「パンダのシャンシャンが優勝」と見間違えたり、大阪の新世界にある「ジャンジャン横丁」を「シャンシャン横丁」と空目してしまうことも……。でも、これぐらいアンテナが強化されると、そのキーワードが入っている記事は見落とさなくなります。

1500個すべてのキーワードに対して、アンテナが「バリ3」になる。多少の個人差はあれど、入社して3カ月も経てば、だいたいみんなこのレベルに到達します。実際、プロの調査員の見落とし率は0・01%以下。「ほぼ見落とすことはない」と言っていいでしょう。

2017年に大ヒットしたミュージカル映画「ラ・ラ・ランド」の主演男優、ライアン・ゴズリングさんが3カ月でプロのピアニストを唸らせる腕前になったように、**人間は最初はとてもできないように思えることも、3カ月必死に訓練すればできるようになります**。要は「慣れ」なんです。

クリッピングは特別な技術ではなくて、誰もができること。もちろん、あなたにも！

「キーワード」を意識して欲しい情報をキャッチする練習

「キーワード」を強く意識すると、欲しい情報がキャッチできるということを実感してもらうために、ここで1つ、「架空の事例」を挙げてみます。

私の名前は「村上悠子」なのですが、作家の「村上春樹」さんと対談をして、そのやりとりの様子を『村上座談会』という一冊の本にして出版することになった、としますます。文字起こしをするときは、名字が同じなので、コメントの前には「春樹」「悠子」と下の名前が書かれることになるでしょう（※以下の内容はすべてフィクションです）。

悠子「今日はお会いできて本当にうれしいです」
春樹「こちらこそ、どうぞよろしく！」

もし、村上春樹さんのファン（以下、ハルキスト）がこの本を買ったとしたら、その目的は「春樹」のコメントが読みたいからですよね。これが「欲しい情報」です。そして「悠子」にはまったく興味がない。すると、感覚的にはこのように見えるのではないでしょうか？

悠子「今日はお会いできて本当にうれしいです」

春樹「こちらこそ、どうぞよろしく！」

実際には同じ濃度の印字なのに、「春樹」のコメントだけが太字で強調されているように見える。なぜこうなるのかと言うと、頭の中に「村上春樹」というキーワードが設定されているから。無意識のうちに「春樹」というキーワードを探しながら文字を追っているんです。だから、どうでもいい「悠子」のコメントは埋没してしまっても、「春樹」のコメントはちゃんと見つけられるんですね。

さて、この対談に、途中から作家の「村上龍」さんも参加することになりました。

龍「こんにちは。村上龍です」
春樹「龍さん、久しぶりだね」
悠子「はじめまして。カンブリア宮殿、毎週観ています」（※カンブリア宮殿＝村上龍さんが司会を務めているテレビ東京の経済番組）
龍「ありがとう、うれしいよ」
春樹「僕もいつも観てるよ」
龍「本当に？」
春樹「うん。小池栄子さんとの掛け合いがなかなかいいじゃない」

このような感じで鼎談《ていだん》が進められていって、「3人の村上」の会話が入り乱れた状態になったとしても、ハルキストなら「春樹」のコメントだけをピックアップして、どんどん読み進めていくでしょう。

さらに、ここでスペシャルゲストとして、お笑い芸人の「村上ショージ」さんと、プロフィギュアスケーターの「村上佳菜子」さんも加わることになりました。

悠子「皆さん、好きな食べ物は何ですか？」

春樹「僕はやっぱりカキフライだね」

龍「僕は魚とか、和食系が好きかな」

ショージ「僕は醤油味のものなら何でも。しょうゆうこと！」

佳菜子「私はかき氷です。1日3食、かき氷を食べないと気が済まないんですよ。食べ歩きもよくするんですが、皆さんは何か趣味はありますか？」

春樹「僕はランニングかな。1日のうちにだいたい1時間ぐらい走る。だから僕は1日は23時間しかないんだと決めて生きているんですよ」

悠子「私もマラソンやってます！　走るのって楽しいですよね」

ショージ「僕は水墨画です。京都の誓願寺で個展を開いたこともあるんですよ」

龍「それは知らなかった。僕は『無趣味のすすめ』という本を出しているぐらいだから、特にないなぁ」

村上が全部で5人になり、ハルキストにとってはどうでもいい情報が増えましたが、やるべきことは変わりません。「春樹」というキーワードをひたすら拾い読みしていくだけ。

その結果、春樹さんのパーソナルデータとして、「観ている番組＝カンブリア宮殿」「好きな食べ物＝カキフライ」「趣味＝ランニング」というのが頭に残る。これが**「本から欲しい情報をとる」「自分から狙って情報をとりにいく」**ということです。

そして、「これから毎週、カンブリア宮殿を観よう」「夕飯はカキフライにしよう」「明日の朝は早起きして走ろう」などと、本から刺激を受けて、生活習慣や行動パターンがどんどん変わっていく。こういう循環がつくれると、読書は本当に有意義で楽しいものになります。

欲しい情報がとれるようになったたった1つの理由

一方で、小説にもお笑いにもフィギュアスケートにも全然興味がない人が、ものすごく混雑している病院に行ったときに、待合室の本棚に置いてあった『村上座談会』を、たまたま手に取って読んだとします。そして、読了後に「村上春樹さんの観ている番組は？」と聞くと、「そんなの書いてあったかなぁ……」「では好きな食べ物は？」「さぁ、わからない……」「趣味は？」「知らない……」となる。

登場人物に馴染みがなく、頭の中にキーワードが設定されていない状態で読み始めてしまったために、何もアンテナに引っかからない。だから、せっかく読んだのに内容を全然覚えていないんですね。

これが**「本を漫然と読んでいる」「読んだだけで満足してしまう」**ということです。

ひょっとして、あなたにも身に覚えがあるかもしれません。

と、偉そうに言っている私も、かつてはまったく情報がとれませんでした。

・本を読んでも、まったく内容を覚えていない。
・家の本棚にある本を見ても、どんなことが書いてあったのか思い出せない。
・読んでいる途中で、以前にも読んだことがある本だと気づいた。

・「最近読んだ本」や「オススメの本」を聞かれても、何も思い浮かばない。

「はじめに」の冒頭にこう書きましたが、調査員になる前の私は、残念なことにこの4つすべてに当てはまっていました。

その証拠として、学生時代に読んだ本のことはほとんど覚えていないんです。授業で必要だと言われて、近所の書店で「何かの本」を買ったり、レポートを書くときの参考文献として、学校の図書館で「何かの本」を借りたような記憶はあるのですが、肝心のタイトルや内容は、悲しいぐらい何も頭に残っていない。

それが社会人になって読んだ3500冊からは、自分のテーマに合った情報や、心の琴線に触れたフレーズをどんどんとれるようになりました。それらをすべてデータに残しているのですが、抜き書きした文章の数は、合計で3万を超えています。

「情報がとれない人」から「とれる人」へ——。変化した理由は、日々の仕事を通じて、「先にキーワードを頭に入れて読むと、欲しい情報をキャッチできる」ということが、だんだん体感でわかってきたからです。いつも仕事中に読んでいるのは新聞と雑誌ですが、書籍も「活字を読む」ということで言えば同じ。

だから、**クリッピングをするような感覚で、自分が知りたいことを頭の中でキーワードに設定して、それを探しながら本を読むようになった**のだと思います。よく役者さんが「プライベートでも役を引きずる」と言いますが、調査員の性《さが》がプライベートの読書にまで侵食してしまったことが、功を奏する結果となりました。

速読・多読が向いている本、向いていない本

最近は、「速読」や「多読」をテーマにした読書術の本がたくさん出版されています。もちろん、1冊の本を速く読めるに越したことはないですし、本が好きだからいっぱい読みたいという気持ちもよくわかります。

でも、**ビジネス書は、自分の「よくないところ」や「うまくできないところ」を変えたいと思って読むもの**です。ざっくり言うと、「AからBに変化したい」と思って読むものなんですよね。だから、どれだけ速く読み終わったり、たくさん本を読んだ

としても、自分がずっと「A」のままだったら意味がありません。

読書の〝技術〟に夢中になるあまり、〝本質〟を見失ってはいけません。人間は成長したい生き物。せっかく本を読んだからには、「B」になりたいですよね。

たとえば、ダイエットの本を1冊30分で読んだとしても、痩《や》せなかったら意味がないですし、睡眠の本を10冊読んでも、ずっと眠れないままだったら何の意味もありません。

もしこれが『痩せない女、眠れない男』という恋愛小説だったら、速読でいいんです。食事制限をしても全然痩せなかった彼女が、「眠れない」と言う彼氏と一緒に夜中に散歩に行ったところ、1時間で3キロ痩せた――とか、まあこんな簡単に痩せたら苦労しないと思いますが、とにかく小説は読了までの時間は短ければ短いほうがいい。2日かけてようやく読み終わる人と2時間で読める人なら、後者のほうがいいに決まっています。

小説は、そのストーリー展開に一喜一憂したり、キャラクターに感情移入したりしながら、純粋に楽しんで読むものです。**小説の目的は「文章を追うこと」（＝消費）ですが、ビジネス書の目的は「知識を得ること」（＝投資）**。ビジネス書は読むのに多少時間がかかったとしても、自分に変化をもたらしてくれるような情報をとること、そして結果的に「A」から「B」になることが何よりも大事なんです。

ダイエットの本や睡眠の本を読む前（Before）が「ブヨブヨのお腹」と「夜中でもギラギラした目」だったら、読んだあと（After）は「引き締まったお腹」と「22時過ぎたらトロンとする目」にならないといけませんよね。あなたも本書を読み終えた暁には、情報が「とれない人」から「とれる人」へ、華麗な変身を遂げなければなりません。

情報がとれない2つの原因——外的要因と内的要因

では、速読よりも多読よりも、何よりも大切な「欲しい情報をとる」ということが、なぜ今まではできなかったのでしょうか。その原因を、「外的要因」（＝環境のせい）と「内的要因」（＝自分のせい）に分けて、今から詳しく解説していきます。

情報過多の時代は、刺激が多すぎて読書に集中できない
――情報がとれない外的要因①

たとえば、冬の寒い日に、スーパーに「牛乳」と「ヨーグルト」を買いに行ったとき、入口で「試食でーす」と、温かい「焼き芋」を渡されたとします。すると、買う気満々だった「牛乳」と「ヨーグルト」のことなんてすっ飛んで、頭の中が「焼き芋」でいっぱいになりませんか？

▼脳内のキーワード＝「牛乳・ヨーグルト」↓「焼き芋」

また、仕事中にメールで「お疲れ様です」と書こうとしていたのに、ランチから帰ってきた同僚の「おかわり2杯もしちゃった」という話し声が聞こえてくると、「お疲れ様です」のはずが「おかわり」と書いたりしますよね。

▼脳内のキーワード＝「お疲れ様です」→「おかわり」

つまり、何が言いたいかというと、**いかに人間が「目や耳に飛び込んでくる情報に影響を受けやすいか」**ということです。

つられたくてつられているわけではないし、自分が決めたことをきちんとやりたいのに、外部からの刺激が強すぎて、ついいろいろなことに目移りしてしまう。現代を生きる私たちは、「定点観測」ができないのです。

本は「外で読むとき」と「家で読むとき」がありますよね。どちらにしても、「1冊の本を集中して読みたい」という気持ちは山々なのですが、それを阻《はば》もうとするたくさんの〝刺激〟があなたを待ち受けています。

カフェで読書をする場合、よくやってしまうのが「他人の会話に聞き耳を立ててしまう」こと。あなたにも心当たりがあるのではないでしょうか。これは意外と人生勉強になって楽しかったりもするのですが、集中して本を読みたいときには慎まなければなりません。

あとは、ノートパソコンのキーボードをパチパチ叩く人にイラッとしたり、隣の人の貧乏ゆすりが激しくて、本から一瞬だけ目を離して揺れている足を睨《にら》みつけているうちに、どこまで読んだのかわからなくなったり。他人が同じ空間にいるので、どうしても言動が気になってしまうんですよね。

それならば、「家で読めばいいんじゃないか？」と思うかもしれませんが、こちらは家族の話し声・テレビの音声・スマホの通知音など、また違った〝刺激〟のオンパレード。他にも、ごはんが炊けた音、洗濯が終わった音、加湿器の水がなくなった音など、さまざまな「ピー音」が襲いかかってきます。

仕事では「ホウレンソウ」（報告・連絡・相談）が大切だと言われますが、次から次へと家電から「できました」「終わりました」「なくなりました」という報告が届けば、読書をしていても気もそぞろになるでしょう。インターホンが鳴って「宅配便です」と言われれば、読むのを中断して荷物を受け取りに行かなければなりません。

ざっといくつか事例を挙げただけでも、これだけ多くの犯人（＝刺激）があなたの読書を阻んでいたのです。

これらが束になってかかってこられたときに負けない意志の強さが今まではちょっと足りなかったのではないでしょうか。

人生は常に誘惑との戦いです。**1冊の本を集中して読みたいのなら、読書以外の要素をなるべく取り除いてしまう**ことです。『ドラゴンボール』に出てきた「精神と時の部屋」のような環境をつくり出して、もっと読書に気が向くように、自分を仕向ける必要があります。

スマホが視界に入ると、つい手が伸びてしまう

——情報がとれない外的要因②

先ほどの『村上座談会』の中で、「カンブリア宮殿」という番組名が出てきました。毎週見ている人は、「ああ、あれね」と引っかかることなく、そのまま読み続けられると思うのですが、初めて知った人が「これはいったいどんな番組なんだろう？」（＝邪念①）と興味を持って、目の前にスマホがあったとしたら……。

きっと、読書をいったん中断して、Googleで「カンブリア宮殿」と検索するでしょう。

そこで、「経済人を招いたトーク番組なんだな」と大雑把な知識を仕入れるぐらいで終わればいいのですが、試しに番組のホームページを見ると「バックナンバー」というコンテンツがあり、2006年以降の全出演者のデータが載っていました。すると、「今までにどんな人が出演したんだろう?」(=邪念②)と気になって、またそこをクリックして見てしまう。

「なるほど、こういう人が出ているんだな」と把握できたところでさすがに終わるかと思いきや、今度は「そういえば、司会の小池栄子さんって今何歳になったんだろう?」(=邪念③)、「確かプロレスラーと結婚したんだったかな?」(=邪念④)と、新たな疑問が浮かんできました。そして、また「小池栄子」と検索をする……。

このように、心の赴くままに脱線に次ぐ脱線を繰り返した結果、最初は『村上座談会』という本を読んでいたはずが、気づいたときには「Wikipediaで小池栄子のプロフィールを調べていた!」という事態になるのです。「こんなことをしている場合ではなかった」と慌てて読書に戻ろうとするも、頭の中は「カンブリア宮殿」と「小池栄子」でいっぱい。そして、こう思うわけです。「自分はいったい何の本を読んでいたんだっけ?」と。

また、本を読んでいると、「コンコルドの誤謬《ごびゅう》」とか「昔とった杵柄《きねづか》」とか、難しくて読めない漢字が出てくることもありますよね。

「これ、なんて読むんだろう？」（＝邪念⑤）と気になってスマホを手に取ったところ、ニュース速報で「人気アイドルグループの嵐が２０２０年いっぱいで活動休止」と書いてあったら、「なんだって!?」とすぐにクリックして記事を見るでしょう。こうなると、もうしばらく読書には戻ってこられない可能性が高いです。

つまり、**読書中に一度でも頭に浮かんだ「邪念」を優先してスマホを手に取ると、もう抑止力が効かなくなる。**脱線は一度では止まらないのです。

スマホを遠ざけて、耳をシャットダウンせよ！——外的要因対策

周囲からたくさんの情報が目や耳に飛び込んできて、どんどん上書きされていくために、元々やっていた読書に集中できなくなる。それならば、**意図的に「情報量を減らす」**のが一番です。

でも、当たり前ですが、目を閉じたら本を読むことができませんよね。だから読書中は、**とにかく耳から入ってくる音をシャットダウンする**ことが大事です。

具体的には、次の2つです。

①ノイズキャンセリングのイヤホンをする（ビックリするくらいまわりの音を消してくれます）。

②聞こえてもいい音を流す。

では、いったいどんな音なら読書の妨げにならないのでしょうか。

答えを言う前に、ちょっとここで問題です。

次の3つのうち、「やってもいい行為」が1つだけあるのですが、どれだと思いますか？

①テレビでお笑いコンビ・ピースが出演している「M－1グランプリ」を観ながら、又吉直樹さんの小説『火花』を読む。

②ラジオで「オードリーのオールナイトニッポン」を聞きながら、若林正恭さんのエッセイ『ナナメの夕暮れ』を読む。

③スピーカーで「蜜蜂と遠雷 音楽集」のCDを流しながら、恩田陸さんの小説『蜜蜂と遠雷』を読む。

正解は③です。

①と②は「テレビ×読書」「ラジオ×読書」という組み合わせですが、いずれも**「目で読んでいる日本語」と「耳から聞こえてくる日本語」が異なるためNG**。私たちは日本語を理解できるので、言葉が聞こえてくると、どうしてもそちらに意識が向いてしまって、読むことに集中できなくなるからです。

それに対して、③は「音楽×読書」ですが、このCDはクラシックで歌詞がないので、耳から言葉が入ってこない。「目で読んでいる日本語」だけに集中できるからOKなんです（※「蜜蜂と遠雷 音楽集」……登場人物がピアノコンクールで弾いた曲が収録されているCD。聞きながら読むと、より臨場感を味わえるのでむしろオススメです。ぜひやってみてください）。

読書に集中するコツ

聖徳太子は一度に10人の話を聞けたそうですが、普通の人間は10人はおろか、2人の話を同時に聞くことさえも難しいのが現実です。それなのに、本を読むときは、「目で見ている日本語」と「耳から聞こえてくる日本語」、2つを同時に処理しようとしている。これはちょっと無理があると思いませんか？

読書に集中するコツは、「一度に向き合う日本語を1つに絞ること」です。

目で読んでいるんだから、耳から違う言葉を入れてはいけません。読書中は、日本語が含まれるテレビやラジオの音声、他人の会話は完全にシャットダウンすること。音楽を流すときは、歌詞のないクラシックやジャズにするか、歌詞の意味がわからない外国語の曲にしましょう。

また、「日本語を1つに絞る」ということで言えば、**読書中にスマホで何かを調べてしまうのも、2つの違う日本語を同時に処理しようとしていることになります**。私たちは聖徳太子ではないことを思い出してください。同時進行は、どっちつかずになるのが関の山ですね。

プロの調査員がやっている、邪念を封じ込めるための環境づくり

私は〝プロの調査員〟ですが、仕事で新聞や雑誌を読んでいるときに、まったく邪念が浮かばないかと言えば、そんなことはありません。正直、邪念だらけです。

たとえば、グルメ雑誌を読んでいて、おいしそうなお店の紹介記事を見ると、「自分も行ってみたい」「お店の場所はどこだろう」「食べログのレビューはどんな感じになっているのか」など、邪念が止まらなくなります。でも、そこで横道に逸《そ》れることはありません。なぜなら、仕事中はスマホを見ることができないからです。

本を読むときも、「邪念が浮かばないようにする」のではなく、**意志の弱さを〝環境の力〟でカバーすればいいいんです。**

禁煙の基本は「タバコを近くに置かない」ことだと言いますから、**禁スマホの基本は「スマホを見えるところに置かない」**こと。目で見えると絶対に触りたくなるので、

読書中は視界に入らないところに置くようにしてください。

私は外で読書をするときは、絶対にスマホをカバンから出さないようにしています。家で読むときは、スマホをスターバックスのキャニスターの中に入れて、完全に封印するようにしています。キャニスターは、本来は「コーヒー豆の鮮度」を保つための容器ですが、私は「読書中の集中力」を保つために利用しているのです。

はい、ここでスマホを手に取って、「スターバックス　キャニスター」で検索してはいけませんよ！　どんなものか気になる方は、このページに付箋を貼る（あるいはドッグイヤー）だけにとどめて、読み終えたあとで心置きなく調べてください。あなたは今、読書をしているのです。欲望の言いなりにならないように。

人間は、良くも悪くも環境に左右されてしまう生き物です。だから、**本から「欲しい情報」をとるためには、読む前にまず、環境をしっかりとコーディネートしなければなりません**。一度に向き合う日本語を1つに絞ること、スマホを視界に入れないこと。気が散ってしまう状況は、意図的に遠ざけるようにしてください。

「悩み」や「願望」が明確になっていない
――情報がとれない内的要因

２０１８年2月に開催された平昌《ピョンチャン》五輪。スピードスケート女子５００メートルで、小平奈緒選手が金メダルを獲得しました。韓国のライバル、イ・サンファ選手と健闘を称え合う姿に心を打たれた人も多かったでしょう。

そんな小平選手が、活躍できないジンクスがある選手団の主将をあえて引き受けた理由は、「(主将の経験から) 学べることは何かを考え、将来に生きてくるという想像ができたから」とコメントしていました。

これは、読書も同じだと私は考えています。

世の中には、スポーツ・映画・ゲームなど娯楽がたくさんあるのに、それでも人が本を読むのは、**「(本から) 学べることは何かを考え、将来に生きてくるという想像ができるから」**ですよね。この本を読んだら「悩みを解決できるんじゃないか」、あるいは「願望を実現できるんじゃないか」と思うから、人は読書をするわけです。

悩みや願望があるときは、「誰かに相談する」という手もありますよね。周囲の人からアドバイスをもらって、参考にする。でも、中には「自分の気持ちを他人に打ち明けるのが苦手」という人もいるでしょう。夢を口にすることに抵抗があったり、悩みを人に言うのが恥ずかしかったり、そういうシャイな人が〝相談相手〟として本を選択して、

「人に言えない悩みや願望がある」→「本に相談する」→「アドバイスをもらう（＝自分で情報をとる）」

という図式を成立できればいいのですが、本を読んでも情報が全然とれない。これは、「情報をとる能力がない」のが悪いと思うかもしれませんが、そうではありません。そのもう1つ前の段階、「悩みや願望が明確になっていない」ことに大きな原因があります。

「とにかく知識を増やして、自信をつけたい」とジャンルレスに読み漁《あさ》ったり、図書館で借りた本の返却期限が迫っているからと急いで読んだり、私たちは「**本を読むこと」に忙しすぎて、「なぜ本を読んでいるか」をよく考えていない場合が多い**のです。

毎日、会社のためには8時間以上も使っているのに、わずか数分さえも自分のことをじっくり考える余裕がない。

そして、悩みや願望の「棚卸し」がきちんとできていない状態で、強迫観念にかられて本を読み始めてしまう。

キーワードを「設定していない」というよりも、キーワードがそもそも「わかっていない」から情報がとれないのです。要するに、何も考えずに読んでいる。

レストランに行って「私は何が食べたいんでしたっけ？」と聞いても、シェフは答えに困るでしょう。就職活動で「私はなんでこの会社を受けようと思ったんでしょうか？」と尋ねても、面接官は答えようがありません。

同じように、「私はこの本を読んで何を知りたいんですか？」と聞かれても、著者は「そんなの知らないよ」としか言いようがないのです。

答えは、自分の中にある。本から情報をとるためには、読む前にその「答え」を自分で見つけないといけません。

「キーワード」というズーム機能でピントを合わせる——内的要因対策

書店や図書館には、膨大な量の本が並んでいます。その中から1冊を手に取るとき、まず「ジャンル」で選びますよね。この本で言えば、「読書術」「読書」がそれに該当します。健康、マナー、仕事術、お金、子育て……など。これらは、すべて「ジャンル」です。

私たちは興味のある「ジャンル」の棚に行って、タイトルや帯のメッセージを見て、ピンときた本を手に取ります。書店に行くと、いつも自然と足が向いてしまう場所があるでしょう。つまり、**興味があって知りたい情報の「ジャンル」まではわかっているんですね。**

その各ジャンルで、「うまくできないこと」や「何かやりたいこと」があって本を読むわけですが、**情報をとるためのコツは、自分の悩みや願望を分解して「キーワード化」する**ことです。

たとえば、本書を読んでいただいている方なら、「読書×情報がとれない」という人が多いでしょう。上側がジャンル、下側があなたの悩み（あるいは願望）になります。読書をしても情報がとれない（＝A）のを情報がとれる（＝B）ように、「A➡B」に変化させたくて読んでいるんですよね。

「情報がとれない」というキーワードを設定して、本書冒頭の「はじめに」を読んでみます。すると、こうなるでしょう。

・本を読んでも**情報がとれない**のは、ズバリ、「読む前にキーワードを設定していないから」。
・同じ本を読んでも、欲しい**情報を**〝とれる人〟と**〝とれない人〟**がいます。両者のたった1つの違い、それは「読む前にキーワードを設定しているかどうか」。

このような文章に、アンテナが立つようになります。

本から情報をとれる人は、ジャンルと掛け合わせるキーワード（＝何のために本を読んでいるのか）をちゃんとわかっていて、そこにフォーカスして読むから情報をとることができる。**目指す場所が明確になると、意識がそこに向かっていく**からです。

狙っているキーワードがないと、脳はどこにピントを合わせたらいいのかがわかりません。いわば「ピンボケ」の状態で読書をしているようなもの。そこで、〝**ズーム機能〟のような役割を果たすのがキーワード**なんです。

では、その「キーワードを設定する方法」について、第2章で詳しく解説します。

第2章

キーワードを設定する方法

欲しい情報を分解して「キーワード化」する

クリッピング会社は、クライアントが欲しい情報に含まれる「キーワード」で注文を受けます。

では、あなたも同じように、欲しい情報（＝悩みや願望）を分解して「キーワード化」してみてください。

このように言うと、まるで新たなチャレンジのように思えますが、実はもうすでにあなたは、無意識のうちに欲しい情報を「キーワード化」しています。ツイッターをやっていたり、インターネットで検索エンジンを利用したことがある人なら絶対に。

たとえば、あなたが「横浜アリーナ」で行なわれた「宇多田ヒカル」さんのコンサートに行ったとします。それで、生歌にすごく感動して、同じ日に会場に詰めかけた約1万2000人のファンがどういう感想を持ったかを知りたくなりました。

すると、帰り道にツイッターで、

「宇多田ヒカル」×「横浜アリーナ」

というキーワードで検索するのではないでしょうか？

この作業を言語化すると、次のようになります。

①自分が知りたい情報である「宇多田ヒカルさんのコンサートin 横浜アリーナに来ていた人の感想」を分解。

②内容を象徴するキーワード（＝宇多田ヒカル、横浜アリーナ）を抽出。

③検索をかける。

つまり、欲しい情報を「キーワード化」してとりに行っているのです。

「宇多田ヒカル」だけだと、コンサートと関係ない情報もたくさん流れてきますので、「横浜アリーナ」とＡＮＤ検索にして、結果を絞り込むのがポイントですね。

さらに、ＭＣでどんなことを話していたかを思い出したければ、

「宇多田ヒカル」×「横浜アリーナ」×「ＭＣ」

と、もう１つキーワードを追加するでしょうし、この日のセットリストを復習した

ければ、

「宇多田ヒカル」×「横浜アリーナ」×「セットリスト」

と、今度はキーワードを入れ替えたりします。そして、ＥＮＴＥＲボタンを押せば、あとは検索エンジンが条件に該当する情報を勝手に探してきてくれる。その結果を見て、「自分と同じことを思っていた人がいる」とうれしくなったり、「細かいところまでよく覚えているなぁ」と感心したり、「こういう見方もあるのか」と勉強になったりします。

その本におけるあなたの「ＡＮＤ検索のキーワード」は何ですか？

このように、情報収集というのは、本来とても楽しい作業です。求めているデータをドンピシャで手に入れたときの快感。今まで知らなかったことに気づける喜び。知識が増えたことでみなぎる自信――。

このような好循環を、ツイッターや検索エンジンでは生み出せるのに、同じ「活字媒体」の読書では、どうしてできないのでしょうか？

その理由は、**メインのキーワードと掛け合わせる「AND検索のキーワード」がわかっていないから**。

先ほどの例で言えば、「宇多田ヒカル」のところで思考が止まっているからです。その先の、本当に知りたい情報である「横浜アリーナ」「MC」「セットリスト」というキーワードをイメージできていない。

メインのキーワードは、本の「ジャンル」です。この本だと「読書術」、まあ「読書」ですね。何か「読書」に関することでうまくできないことや、悩みがあるから手に取っていただいたと思うのですが、あなたが「読書」の先に知りたいことは何でしょうか？

「読書」×「?.?.?.」

この「?.?.?.」の部分をハッキリさせないと、情報をとることはできません。

２０２０年1月現在、「宇多田ヒカル」をグーグルで検索すると、約１０００万件がヒットします。さすがは日本の歌姫、ものすごい数ですね。全部に目を通すこともできなくはないですが、途方もなく時間がかかるでしょう。だから、欲しい情報に少しでも早く辿り着けるように、欲しい情報が確実にとれるように、「ＡＮＤ検索」をするわけです。

一方、本書のようなビジネス書は、１冊あたり約10万字と言われています。これまたすごい文字数ですが、この10万字という〝大量の言葉の羅列〟を、今まであなたは「ＡＮＤ検索」のキーワードを何も設定しないで読んでいた可能性がおおいにあるのです。

インターネットに置き換えて考えると、これで欲しい情報をとろうというのがいかに無謀なことか、おわかりいただけるでしょう。

読書をするとき、「たまたま開いたページに欲しい情報が載っていた！」というようないわゆる〝棚からぼた餅〟は、めったに起こることではありません。

自分の内面をじっくりと耕して、ＡＮＤ検索のキーワードを設定し、それがどこに載っているか、必死に探して見つけないと情報はとれないのです。

「他人のキーワード」を通して、自分のキーワードを見つける

それではさっそく、この本からあなたが欲しい情報を「キーワード化」してみましょう。

「読書」×「？？？」

この「？？？」の部分に当てはまるキーワードを、3～5つほど書き出してみてください。

……と言われて、スラスラ筆が進むでしょうか？

私は読書術の本を読むとき、「？？？」の部分がうまく書き出せませんでした。自分が知りたいことはなんとなくはわかっているのですが、それを「キーワード」に落とし込むことができない。

その原因は、私にとってキーワードは、常にクライアントから「与えられるもの」だったからです。「〇〇〇というキーワードの情報を集めてください」「はい、わかりました」というのが、情報収集のいつものパターンでした。つまり、キーワードに関してはとことん受け身の人間で、「自分自身のキーワード」に向き合っていなかったのです。

そんなとき、友達とカラオケに行きました。フリータイムだったので、時間が経過するにつれてだんだん持ち歌がなくなってきたのですが、窮地を救ってくれたのが「リモコンの履歴」です。

【最近予約された曲名一覧】

・時代（中島みゆき）
・チェリー（スピッツ）
・恋するフォーチュンクッキー（ＡＫＢ48）

・Lemon（米津玄師）
・負けないで（ZARD）
・栄光の架橋（ゆず）
・UFO（ピンク・レディー）

その日は「LIVE DAM STADIUM」という機種を利用していて、部屋に置いてあったリモコンには、前の人の履歴が1000曲残っていました。1曲目から順番に辿って見ていると、「『時代』ならうまく歌えるかもしれない」「そういえば昔、よく『UFO』を歌っていたな」などと、自分のレパートリーに加えられそうな曲を、たくさん見つけたのです。そして、ふと閃《ひらめ》きました。

「この方法は、キーワード探しにも使えるな」と。

「自分で自分を見るのではなく、相手を通して自分を見ることによって課題が見つかる」

これはフィギュアスケーター・羽生結弦選手の著書『夢を生きる』の中に出てきたフレーズです。金メダルを獲得したソチ五輪のシーズン中、最大のライバルだったカナダのパトリック・チャン選手の演技を観察して、どうしたら彼に勝てるか、自分に何が足りないかを必死に考えていたとのこと。

そして私はカラオケで、自分で自分が歌える曲を考えるのではなく、他人の履歴を通して自分が歌える曲を見つけました。

この「他人がやっていることを見て、自分にフィードバックする」という方法を、ぜひキーワード探しでも使ってみませんか？

今からあなたがすること

自分で自分のキーワードを考えるのではなく、「他人のキーワード」を通して自分のキーワードを見つける。

検索エンジンの「サジェスト機能」で、「他人のキーワード」を収集する

というわけで「他人のキーワード」を知りたいのですが、いちいち誰かに話しかけて、「あなたのキーワードは何ですか?」と聞くわけにもいかないですよね。

そこで利用するのが、検索エンジンの「サジェスト機能」です。もうすでにご存じの方も多いでしょう。キーワードの後ろにスペースを入れると、ズラリと表示されるアレですね。

サジェスト（suggest）とは、英語で「提案する」という意味です。パソコンが「あなたがＡＮＤ検索したいのはこれじゃないですか?」と勝手に予測して、提案してくれる。これって、言うならば「他人のキーワード」みたいなものだと思いませんか?

サジェストキーワードは、グーグルでは最大8個まで、ヤフーでは最大10個まで表示されます。

誰にも迷惑をかけることもなく、自力で「他人のキーワード」が収集できる。これ

は利用するしかないでしょう。

試しに、GoogleとYahoo!で「読書」と入力して、そのあとにスペースを入れてみたところ、次のような結果となりました。

【「読書」× サジェストキーワード】

◎Google……英語、効果、おすすめ、カフェ、アプリ、イラスト、記録、椅子

◎Yahoo!……効果、おすすめ、イラスト、メリット、アプリ、椅子、音楽、英語で言うと、カフェ、ライト

GoogleとYahoo!では検索結果が異なることもあるのですが、「読書」に関しては似たようなキーワードが並んでいます。「効果、おすすめ、カフェ、アプリ、椅子」などは、それだけ多くの人が関心を示している事柄だということですね。

この表示された8〜10個のキーワードを見て、「もう読書のキーワードについては

ある程度わかった」などと思ってはいけません。

それはYahoo!トピックスを見て、世の中の動きをすべて把握したような気分になるようなもの。自分の趣味嗜好に合ったニュースは、さらに詳しく検索しないと出てこないですよね。

だから、キーワードももっと深掘りして、ピンとくるものを探す必要があります。

「読書」のサジェストキーワードを五十音順に見てみる

そこでオススメなのが、「サジェストキーワード」を五十音順に全部見ていくという方法です。

・「読書」×「あ」
・「読書」×「い」
・「読書」×「う」

このように、「あ」から「わ」まですべて目を通して、日本語をまんべんなく拾っていきます。実際にやってみた結果を、ここでは五十音、各1つずつ紹介します。

【「読書」×五十音順キーワード】

◎あ行……頭に入らない、意味ない、腕が疲れる、evernote、おすすめ
◎か行……カフェ、記録、首が痛くなる、蛍光ペン、コツ
◎さ行……冊数、集中できない、スピード、線を引く、速度
◎た行……楽しみ方、知識を得る、月に何冊、定着しない、図書館
◎な行……内容を忘れる、人気の本、抜き書き、眠くなる、ノート
◎は行……速く読む方法、必要ない、付箋、ヘッドライト、本の選び方
◎ま行……マインドマップ、身につかない、無意味、目が疲れる、目的
◎や行……役に立たない、指でなぞる、読みやすい本
◎ら行……楽な姿勢、量、ルーペ、レビュー、ログ

◎わ行……忘れてしまう

このように、世の中の人々は実にさまざまな思いを持って「読書」というキーワードを検索しています。あなたの価値観と照らし合わせて、ピンときたものはありましたか？

「まさにこれだ」というのもあれば、「言われてみればこれも気になる」というのもあるでしょう。後者が見つかると、なんだかうれしい気持ちになりますよね。**見えないけれど、自分の中に存在している感情を、サジェストキーワードは代弁してくれる**のです。

検索エンジンは感情を持たないので、「こういうキーワードを提案したら失礼じゃないかな？」などと忖度《そんたく》することもありません。何のフィルターもかけずに並べられた雑多なキーワードの中から、自分の心に響く言葉を探すのは楽しい作業だと思いませんか？

収集した「サジェストキーワード」をグルーピングする

次に、先ほど収集した五十音順キーワードを、大まかにグルーピングしてみます。

【「読書」×五十音順キーワード×グルーピング】

①情報収集がうまくできない
↓頭に入らない、定着しない、内容を忘れる、身につかない、忘れてしまう
②スピードを気にしている
↓スピード、速度、速く読む方法
③読書中の体勢やコンディションに問題がある
↓腕が疲れる、首が痛くなる、眠くなる、集中できない、目が疲れる、楽な姿勢
④目利きの人に教えてほしい

↓おすすめ、コツ、人気の本、楽しみ方、本の選び方、読みやすい本
⑤読書そのものを否定
↓意味ない、必要ない、無意味、役に立たない
⑥他人の読書量が知りたい
↓冊数、月に何冊、量
⑦読書記録
↓evernote、記録、線を引く、抜き書き、ノート、マインドマップ、レビュー、ログ
⑧読書グッズ
↓蛍光ペン、付箋、ヘッドライト、ルーペ

キーワードを分類すると、世の中の人がそのテーマに対してどんな悩みや関心を持っているかの〝相場観〟がわかります。「木＝1つのキーワード」ではなく、「森＝多くのキーワード」を見る。全体を俯瞰《ふかん》することで、それまでボンヤリしていた実像や

実態がハッキリと見えるようになるのです。

「読書」のサジェストキーワードは、8つに分類することができました。

主な悩みとしては、「情報収集がうまくできない」ことと「速く読めない」ことでしょうか。読書中の「体勢」や「コンディション」に問題を抱えている人、他人の「読書量」や「記録のつけ方」が気になる人も多いようです。

また、「目利きの人にいろいろ教えてほしい」と向上心にあふれている人もいれば、「意味がない、役に立たない」と読書そのものを否定する人も……。まさに価値観は人それぞれ。でも、今この本を読んでいるあなたは、間違いなく前者なのでしょう。

「情報収集」のサジェストキーワードを五十音順に見てみる

この本は、大量の活字の中から「情報をとること」を仕事にしている私が「①情報収集がうまくできない人」に向けて書いていますので、「情報収集」というキーワードも五十音順に見ていきたいと思います。

【「情報収集」×五十音順キーワード×洗い出し】

◎あ行……アンテナ、Instagram、うまい人、営業、遅い
◎か行……会社、キーワード、工夫、検索、効率化
◎さ行……サイト、時間がかかる、スマホ、整理、ソース
◎た行……大切、調査、Twitter、テクニック、得意
◎な行……内容、苦手、抜け目ない、ネタ、ノウハウ
◎は行……早い、ヒアリング、facebook、下手、本
◎ま行……まとめ方、mixi、無駄、メリット、目的
◎や行……やり方、YouTube、読み方
◎ら行……LINE、リアルタイム、ルール、レポート、論文
◎わ行……話題

わりとイメージしやすいキーワードが並んでいるような気がしますが、いかがでしょうか？

次にグルーピングをするのですが、まず目に飛び込んでくるのは、なんと言っても「英単語」です。

【Instagram、Twitter、facebook、mixi、YouTube、LINE】。今やＳＮＳは、友達とのコミュニケーションに使われるだけでなく、「情報収集のツール」として活用されていることがわかります。つまり、ＳＮＳが検索エンジンのような役割を果たしているんですね。

あとは、【遅い、時間がかかる、苦手、下手】で悩んでいる人、【工夫、効率化、テクニック、まとめ方、ルール、やり方】を学びたい人。

「読書」のキーワードとだいたい同じ構図になっています。

グルーピングをして、自分がそのテーマのどんなことに悩みや関心があるのかがわかると、**設定したキーワードと同じ領域にあるキーワードにも、アンテナが立つ**ようになります。

先ほどの「宇多田ヒカル」×「MC」という事例で言うと、「MC」だけでなく、「トーク」「しゃべり」「話し方」というキーワードも目に飛び込んでくるようになる感じです。

「宇多田ヒカルの飾らない**MC**が良かった」
「宇多田ヒカルの**トーク**、たどたどしいけど、そこがまたいい」
「宇多田ヒカルは歌うとカッコ良くて、**しゃべり**はかわいい」
「宇多田ヒカルの**話し方**って、藤圭子さんに似てるなぁ」

検索エンジンは「入力されたキーワード」しか見つけられませんが、私たちは「日本語のゆれ」や「類義語」にも対応することができる。これは、人間だけに与えられたすばらしい能力です。**本を読み進める中で引っかかるキーワードが増えると、1冊の本からとれる情報量もどんどん増えていきます。**

知らないと確実に損をする「関連キーワード取得ツール」

ここまで読んできて、「サジェストキーワードを五十音順に全部見る ➡ 自分のキーワードを見つける」という方法は理解していただけたと思うのですが、難点は時間がかかるということ。「あ」から「わ」までは、全部で44文字あります。1文字＝15秒程度で見ていくとしても、10分くらいかかります。このわずか10分という時間が、忙しい毎日の中ではなかなかとれないんですよね。

そこで「めんどくさいことはしたくない」というあなたにぜひ紹介したいのが、**「関連キーワード取得ツール」（http://www.related-keywords.com/）**です。

これは、Googleで表示されるサジェストキーワードを、ひらがなの「あ」から「わ」までと、アルファベットの「A」から「Z」までを、たった1回の検索ですべて表示してくれるというもの。知っていたら得をするというよりも、知らないと確実に損をする、恐ろしく便利なツールです。

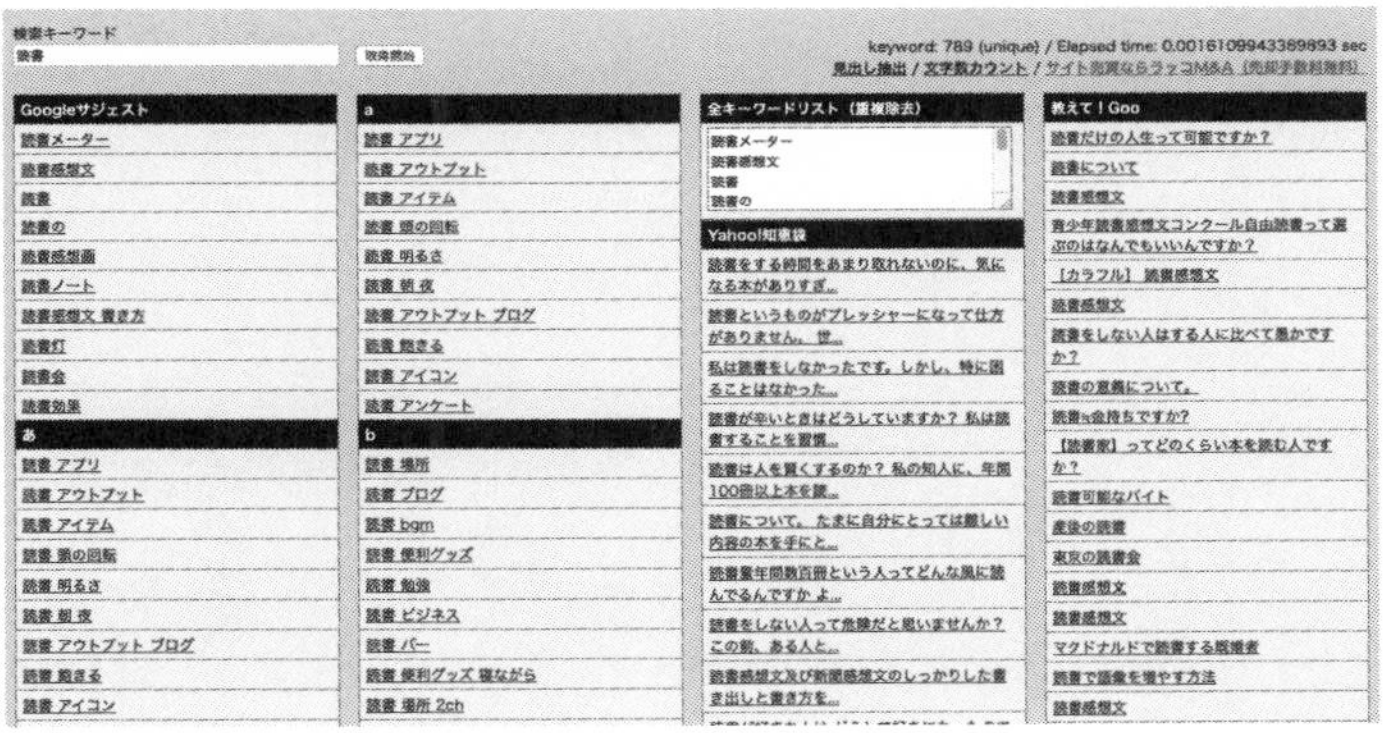

試しにサイトを開いて、トップ画面の左上にある「検索キーワード」のところに「読書」と入れて、「取得開始」をクリックしてみてください。1文字につき10個ずつ、約700個のサジェストキーワードが一瞬で表示されたでしょう。

まさに超時短です！　これを見ながらピンとくるキーワードを探す人と、ウンウン唸りながらキーワードをイチから自力で考える人。どちらが効率がいいかは言うまでもありません。

今後の読書の方法

本を読む前に、①その本のジャンルやテーマを「関連キーワード取得ツール」で検索して、「他人のキーワード」にざっと目を通してみる。そして、②その中から直感でピンときたものをいくつかリストアップして、③それらのキーワードを頭に入れて読む。今後は、自分から狙って情報をとりに行く「能動的な読書」をしましょう。

ビジネス書を読んだあとは、何か1つ、本の内容を行動に移すようにしている人もいると思います。本書から1つ実行するなら、ぜひこの「関連キーワード取得ツール」を使ってみてください。

「関連キーワード取得ツール」を使って、好きなことを徹底的に深める

読書から少し脱線しますが、「関連キーワード取得ツール」はピンとくるキーワードを探すだけでなく、〝自分の好きなことを深める〟ために利用することもできます。
たとえば、2019年3月に惜しまれながら現役を引退した、元プロ野球選手のイチローさん。国民的なスーパースターですから、読者の中にもファンだった人が多いのではないでしょうか。そこで「イチロー」で検索してみた結果を、ここでは五十音、各1つずつ紹介します。

【「イチロー」× 五十音順キーワード】

◎あ行……愛犬、引退会見、腕時計、エイミー、おもしろTシャツ
◎か行……カレー、兄弟、食わず嫌い、血液型、神戸
◎さ行……サングラス、身長、スパイク、生年月日、そっくりさん
◎た行……体脂肪率、智弁和歌山、通算打率、天才、登場曲
◎な行……涙、ニット帽、塗り替えた記録、年俸、野茂
◎は行……浜田雅功、ヒット数、古畑任三郎、変装、本名

◎ま行……マリナーズ、ミズノ、ムネリン、名言、目標設定
◎や行……ヤンキース、ユンケル、嫁
◎ら行……ランニングホームラン、両親、ルーティン、レーザービーム、ローマ字
◎わ行……ワールドシリーズ

イチローファンの読者の皆さん、これらが何のことか全部わかりますか？

「引退会見」「マリナーズ」は誰でもわかると思いますが、「腕時計」「登場曲」などはわからない人もいるのではないでしょうか。「通算打率」「ヒット数」など、打ち立てた記録の数字を正確に覚えていない人も多いでしょう。

「関連キーワード取得ツール」でズラッと表示された700個のキーワードを見ると、イチローマニアを自負している人でも、まだまだ自分の知識にはヌケやモレがあることを痛感させられると思います。意味がわからないキーワードがあるのは悔しいから、必死に調べる。その結果、イチローさんのことをより〝広く深く〟知るようになるのです。

自分が好きなことの知識を増やす「自主的な勉強」は、強制的に受けさせられる学校の授業と違って、本当に楽しいものです。嫌なことがあったときや現実逃避をしたいときに、ぜひ熱中してみてください。

また、最近新たにファンになった著名人やアスリートの基本的なデータも、この「関連キーワード取得ツール」を使えば、効率良く情報収集ができます。

たとえば、２０１８年に大ヒットした、世界的ロックバンド・クイーンの音楽映画「ボヘミアン・ラプソディ」。彼らの全盛期を知っている50代以上の方はドンピシャの世代だと思いますが、若い人の中にはこの映画を観て初めて、ボーカルのフレディ・マーキュリーのことを知った人も多いのではないでしょうか？

実は、私がその口なのですが、映画を観たあと、彼のことをもっと詳しく知りたいと思い、「関連キーワード取得ツール」で〝フレディ・マーキュリー〟と入れて検索してみました。

【「フレディ・マーキュリー」×五十音順キーワード】

◎あ行……アディダス、移民、ウェンブリー、エイズ、オペラ
◎か行……カッコいい、筋肉、クイーン、結婚、子供
◎さ行……作曲、死因、スニーカー、セクシャリティ、ソロ活動
◎た行……タンクトップ、父、追悼コンサート、天才、闘病
◎な行……名前の由来、日本、ぬいぐるみ、猫、ノエビア化粧品
◎は行……歯並び、ヒット曲、訃報、ヘアスタイル、本名
◎ま行……ママ、ミュージックビデオ、息子、メアリー、元妻
◎や行……痩せた、ユーチューブ、幼少期
◎ら行……ライブエイド、両親、ルーツ、レディオガガ、ロジャーテイラー
◎わ行……笑っていいとも

イチローと違って、〝フレディ・マーキュリー〟は馴染みがないため、知らないキ

ーワードがたくさんありました。出だしの「アディダス」からして何のことかサッパリわからなかったのですが、調べてみると、映画の最大の山場、ラスト20分のチャリティーコンサート「ライブエイド」で着用していたスニーカーが、アディダス製だったとのこと。

それを知った上で、頭の中に「アディダス」というキーワードを設定して、もう一度、ライブエイドの映像をYouTubeで見てみると、確かにフレディはアディダスのスニーカーを履いていたんです！　でも、映画館の大きなスクリーンで観たときは、私の目にはそれがまったく見えていなかった。「人は、自分が見ると決めたものしか見えない」というのは、読書だけでなく、映画もそうなんですね。

「ボヘミアン・ラプソディ」はリピーターが続出して大ヒットとなりましたが、5回も6回も観に行った人の中で、「フレディが履いていたスニーカー＝アディダス」ということに気づいた人が何人いるでしょうか。多くの人が見逃しているものが、自分には見える。**キーワードを設定している人とそうでない人では、同じものを見ても、目から吸収できる量が全然違ってくる**のです。

このように「関連キーワード取得ツール」で好きなことを深掘りしていくと、惹かれるキーワードに何らかの共通点が出てくることがあります。

たとえば、「イチロー　愛犬」と「フレディ・マーキュリー　猫」にピンときた人は、ペットを飼いたいと思っていたり、アニマルセラピーを求めているのかもしれません。

キーワードに対する反応を見れば、自分がどのようなことに興味・関心を持っているのかがわかります。「自分という人間」の本質を知ることができる、と言ってもいいでしょう。

狙っている「キーワード」があるから、省エネが可能になる

キーワードを頭に入れて本を読むことの利点は、今まで見えなかった（埋没していた）ものが見えるようになること、そしてもう1つは、読書が「省エネ」でできるようになることです。

たとえば、目の前に読売新聞の朝刊があって、「今から1分以内に、昨日の巨人（読売ジャイアンツ）の試合結果の記事を見つけた人に１００万円あげます！」と言われたら、あなたはどんな読み方をしますか？

おそらく、紙面前半の政治面・経済面・国際面などはすっ飛ばして、まず「スポーツ面」を読むのではないでしょうか。そして「プロ野球」の見出しを探して、その中から「巨人」の記事を見つけますよね。1分以内に巨人の記事を探さないといけないのに、毎日連載されている「4コママンガ」を読んだり、「テレビ欄」に載っているドラマのあらすじを熟読したり、「訃報欄」の名前を一つひとつ確かめたりする人はいないでしょう。

私たちは日本語がわかるので、「キーワードが載りそうな面」の当たりをつけることができます。この場合、「プロ野球の試合結果＝スポーツ面に載っているだろう」と予想して、その他の面はちょっと〝気を抜いている〟わけですね。

この**「すべての文章を全力で読まない」**というのが、読書ではすごく大事なことなんです。

以前、テレビ番組でフィギュアスケーターの浅田真央さんが、6種類の3回転ジャンプを8つすべて成功させた、ソチ五輪の〝伝説のフリー〟を自ら解説していたのですが、プログラムの前半が終わっていったん静止し、後半が始まって滑り出したときに、「ここは休憩ポイントです」と言っていました。ジャンプや激しいステップがないところは本人的には〝休憩〟のようなのですが、素人目には全力で滑っているようにしか見えません。

マラソンでも、トップランナーは「30キロまではペースメーカーについていって、体力を温存して……」などと言いますよね。これも本人的には〝温存〟でも、素人目には猛スピードで走っているようにしか見えないわけです。

「エネルギーの使い方にメリハリがつけられる」というのは、その道の〝上級者の証〟と言っていいでしょう。

そして、「文章を読むことの上級者＝プロの調査員」は、毎日朝から晩まで8時間、ひたすら活字を読んでいます。でもこんなに長い時間、ずっと集中力が保てると思いますか？

いくらプロでもこれは無理です。少なくとも、私にはそんな脳の体力はありません。だから、動作的には「ずっと読んでいるように見える」のですが、実は読みながら適度に〝休憩〟しているのです。

ビジネス書における「休憩ポイント」はどこ？

プロの調査員は新聞・雑誌を読んで、クライアントから依頼された1500個のキーワードが含まれる記事を見つけないといけません。でも、「すべてのキーワードが載っていない」と思われるページもけっこうあるのです。これはもう長年の勘みたいなものですが、大事ではないところを「省エネ」で読んでいる（＝休憩している）から、一日中読むという行為を続けることができるんですね。

読書が疲れるという人は、最初から最後まで、すべての文章を全力で読んでいるのではないでしょうか。ビジネス書の中には、**「休憩してもいい＝読み飛ばしてもいい」ところが3つあります。**

①既知情報
②著者の自慢話

③会社や商品の宣伝

①は、すでに知っていることは何度読んでも同じ。
②は、自慢話や武勇伝は、右から左に聞き流すのが一番。
③は、宣伝を熱心に読むと、出版をビジネスにつなげようとしている著者の策略にまんまとハマってしまいます。

これらが書いてある箇所は、読書中の「休憩ポイント」です。特に②と③にキーワードが出ている可能性は、極めて低いです。こういうところで余計な労力を使ってはいけません。

このように、狙っているキーワードがあると「情報がとれる」だけでなく、**「読みながら休める場所をつくれる」**ようになります。フィギュアスケーターやマラソンランナーだけでなく、読書家もエネルギー配分が大事です。

〝手抜き〟ではなく、〝要領良く〟読書ができるように、キーワードが載っていないと思われるところは、「省エネモード」で読むようにしましょう。

「自分株式会社」が必要な情報を、自分でクリッピングするような感覚で読む

私が働いているクリッピング会社は、「クライアントが必要な情報を、調査料金をいただいて、代わりに収集する」のが仕事です。これを読書に当てはめると、「『自分株式会社』が必要な情報を、書籍代を払って、自分で収集する」ということになります。

つまり、**読書とは「一人クリッピング」みたいなもの**。最近は、一人カラオケ・一人映画・一人焼肉などのソロ活をする人が増えているそうですが、読書をするときはぜひ、「一人クリッピングをしている」という感覚で本を読んでほしいのです。

クリッピング会社がクライアントから「キーワード」で注文を受けるように、あなたも「自分株式会社」が必要な情報に含まれる「キーワード」を、自分に注文します。そして、そのキーワードが含まれる文章を、自力で見つけるようなイメージです。

読書とは、自分の未来に「お金」と「時間」を投資する作業です。1冊の本の価格

は、だいたい１５００円前後。図書館の本は無料で借りることができますが、図書館まで往復する時間を差し出しています。何かと忙しい日々の中で、それだけの投資をしたからには、全力でリターン（＝欲しい情報）をとりにいかないといけません。

クリッピング調査の現場では、投資をしてもらったのにリターンを返せない（＝依頼されたキーワードが含まれる記事が見つからない）ということもあります。

たとえば、食品メーカーから「Heru」という商品名のキーワードでクリッピングの注文をいただいたとします。

これは、「食べると絶対に体重が減る（Heru）」という画期的なダイエット食品で（※架空の事例です。実際にはありません）、２０１８年9月16日にマスコミ各社を招いて、「新製品発表会」が盛大に行なわれました。翌日の新聞には当然、「Heru」の記事が掲載されるものと思いきや……。

「２０１８年9月16日」というのは、歌手の安室奈美恵さんが引退した日です。翌日の9月17日は安室さんの報道に多くの紙面が割かれてしまって、「Heru」の記事なんてどこにも載っていない。ヒット曲一覧で「Hero」（＝ＮＨＫリオ五輪テーマソング）と書いてあり、一瞬「おおっ！」と思いましたが、残念ながらこれは〝空目〟ですね。

調査員は血眼になって探しましたが、載っているのは「Hero」ばかり。「Heru」というキーワードが含まれる記事は1つも見つからなかった。このような場合でも、心苦しいのですが調査料金（＝依頼を受けた時点で発生）はいただくことになります。

安室さんの引退のように、前もって日付がわかっているものは重ならないように避けることもできますが、大事件や災害、有名人の結婚・訃報・逮捕など、突然飛び込んできたビッグニュースに押し出されて記事が載らないこともあります。クライアントにしてみれば、お金を払ったのに収穫が何もないというのは、正直損した気分になるでしょう。

「一人クリッピング」の場合も、先に書籍代を払っているので、欲しい情報（＝キーワードが入った文章）を見つけないと元がとれないわけです。誰だって損はしたくないですよね。**読書は、見つけられるも見つけられないも、すべては自分次第**。これはもう、必死にキーワードを探すしかありません。

「センスの良いキーワード」とは？

私は「関連キーワード取得ツール」を利用して、自分自身のキーワードもたくさん探してきましたが、同時にクライアントが依頼してきた「本気のキーワード」もたくさん見てきました。延べだと、おそらく1万個を超えていると思います。

最初の「キーワード設定」を間違えると欲しい情報が手に入らなくなるので、皆さん真剣に考えてこられるのですが、その中でもセンスが良いなと思うキーワードは、**「依頼してきた理由がわかりやすい」**ものです。

最近は「GAFA」と呼ばれるプラットフォーマーが世界経済を席巻していますが、もしGoogleが「Apple」「Facebook」「Amazon」という3つのキーワードの調査を依頼してきたとすると、目的はきっと「競合他社の動向を知るため」ですよね。

一方で、キーワードが「Gmail」「Google Home」だったら、おそらく「自社製品の認知度やイメージを知るため」でしょう。

このように、センスの良いキーワードは、直接クライアントに理由を聞かなくても、

ひと目見るだけで「何のために」がイメージできるのです。

【Googleからのキーワードの注文】

・「Apple」「Facebook」「Amazon」→競合他社の動向を知りたい。
・「Gmail」「Google Home」→自社製品の認知度やイメージを知りたい。

Googleのように広く一般に知られていない無名の会社であっても、依頼してきたキーワードが「サービス残業」「過労死」だったら、「労働環境に問題がありそう」「ブラック企業なのかな」とか、（実際のところはわかりませんが）なんとなくクライアントが抱えている背景を察することができます。

では、〝読書株式会社〟さんに「自己啓発」「願望実現」という2つのキーワードで注文されたらどうでしょうか。ちょっと漠然としていてよくわからないですよね。核心に迫っていないというか、もう一段ぐらい掘り下げられそうな気がします。

でもこれが、「頭に入らない」「内容を忘れる」だったら、「この会社はインプットが課題なんだろうな」と推測できますし、「ノート」「付箋」「線を引く」だったら、

「この会社はアウトプットの方法を模索しているのかな？」とか、なんとなくイメージできるでしょう。

【読書株式会社からのキーワードの注文】

・「自己啓発」「願望実現」↓何のためなのかがよくわからない。
・「頭に入らない」「内容を忘れる」↓インプットが課題だとわかる。
・「ノート」「付箋」「線を引く」↓アウトプットの方法を模索中だとわかる。

このように、キーワードを設定するときは、**客観的に見て「何のために」がわかりやすいかどうかを意識**してみてください。

スキマ時間に「キーワードの洗い出し」をしておく

私は普段、電車で通勤をしているのですが、今は老若男女、ほとんどの人がスマホを見ています。朝のラッシュ時などは、圧死しそうなくらい多くの乗客がいるのに、それでもわずかのスペースを見つけて器用に画面をタップしたり、スクロールしたり、文字を入力したりしているのです。

そんな技術をお持ちの方にぜひやっていただきたいのが、「関連キーワード取得ツール」を開いて、キーワードの洗い出しをすること。はたから見ると、ただスマホをいじっているだけのように思えても、実は「自分の悩みや関心を掘り下げる」という、とても高貴で知的な作業をしている。まあ完全に自己満足の世界ですが、スキマ時間を読書前の〝仕込み〟に使うのはかなりオススメです。

「量をこなすことで質が高まる＝量質転化の法則」は、キーワードにおいても当てはまる真理です。日頃からたくさんのキーワードを見て、「キーワードの目利き」になりましょう。

ピンポイントに自分の深いところを刺激してくるものを見つけ出す。キーワードの一覧を〝読む〟というよりも〝見る〟ような感覚で眺めて、共感できるものをピックアップする。これを何度も何度も繰り返す。

10個の中から1つ選ぶのと、700個の中から1つ選ぶのとでは、やっぱり質が全然違うのです。

ピンとくるキーワードがなかったり、うまくキーワードに落とし込めないときは、**「センスがない」と嘆くのではなく、「見ているキーワードの量がまだまだ足りない」と考えてください。**

たまに、駅の改札の手前で急に立ち止まって、定期やICカードをガサガサ探している迷惑な人がいますが、もっと早くから準備をしていればスムーズに通れますよね。キーワードも同じで、**本を読む直前に慌てて探すのではなく、常日頃から頭の中にいくつか抱えておくのが理想**です。

さて、キーワードを見つける方法や手順はだいたいわかっていただけたと思いますが、これで安心してはいけません。

次のステップは「設定したキーワードが出ている本を選ぶ」こと。第3章で詳しく説明します。

第3章

設定したキーワードが出ている本を選ぶ方法

阪神ファンの渡辺謙さんにふさわしい「スポーツ新聞」は？

キーワード設定の次にやらなければならないことは、「キーワードが出ている本を選ぶ」ことです。

欲しい情報が載っていない本の中からキーワードを見つけるのは、誰にとっても至難の業。「当たりクジが入っていないクジ引き」をやって、時間もお金も無駄にするようなことは絶対に避けたいですよね。

本題に入る前に、ここで1つクイズです。

「熱狂的な阪神ファン」として知られている俳優の渡辺謙さんがコンビニでスポーツ新聞を買う場合、以下の6紙のうち、どれが最もふさわしいと思いますか？

①日刊スポーツ　②スポーツニッポン　③スポーツ報知
④サンケイスポーツ　⑤デイリースポーツ　⑥東京中日スポーツ

正解は「⑤デイリースポーツ」です。すぐにピンときた人は、スポーツ新聞の〝特性〟がよくわかっているのでしょう。

【スポーツ新聞の系列】
①日刊スポーツ＝朝日新聞社　②スポーツニッポン＝毎日新聞社
③スポーツ報知＝読売新聞社　④サンケイスポーツ＝産経新聞社
⑤デイリースポーツ＝神戸新聞社　⑥東京中日スポーツ＝中日新聞東京本社

一見、どれも同じように思えるスポーツ新聞ですが、それぞれ親会社が違います。「スポーツ報知」は巨人の親会社の読売新聞社系列なので、必然的に巨人の情報が多くなります。そして、「デイリースポーツ」は神戸新聞社系列で本社が神戸にあるため、地域柄、阪神の情報がたくさん載っているのです。

試合があった翌日は、よほどのビッグニュースがない限り、1〜4面くらいまでを阪神タイガース関連の記事が独占します。私は仕事でデイリースポーツを読むことがあるのでわかるのですが、これはもう本当に事実なんです。

とにかくデイリースポーツは「ブレない」ことで有名で、2010年のサッカーW杯南アフリカ大会で日本がカメルーンに勝利した翌日の一面も、「下柳結婚」でした（これは「マツコ&有吉の怒り新党」の「新・3大デイリースポーツ ブレない一面記事」のコーナーで紹介されて話題になりました）。記事の優先順位が「W杯よりも阪神のほうが上」というのは、他のスポーツ紙では考えられないことです。

だから、熱血虎党の渡辺謙さんは、デイリースポーツを読めば、知りたい阪神の情報をたくさんとることができますよね。これが、何も考えずに「スポーツ報知」を買ってしまうと、「巨人の記事ばっかりじゃないか」ということになりますし、「世界のケン・ワタナベ」のイメージにふさわしいからと「ニューヨーク・タイムズ」（英字紙）を読んでも、きっと阪神の記事はどこにも載っていないでしょう。

お笑い芸人・スピードワゴンの井戸田潤さん（愛知県出身、中日ドラゴンズファン）は、以前、人気テレビ番組「アメトーーク！」の「スポーツ新聞大好き芸人」に出演した際、「東京中日スポーツを愛読している」とおっしゃっていました。これは〝情報収集〟という観点から見ると、実に正しいアプローチです。

阪神ファンならデイリースポーツ、巨人ファンならスポーツ報知、中日ファンなら東京中日スポーツ。

欲しい情報をとるためには、設定したキーワードが出ている（と思われる）媒体を選ぶことが大事です。そして、あなたは読書でこれをしなければなりません。

「飲み会の幹事」と「本選び」の意外な共通点

設定したキーワードが出ている本を選ぶときは、「飲み会の幹事」をするときの要領が大いに参考になります。

たとえば、あなたが飲み会の幹事を担当することになったら、まず「希望条件」をピックアップするでしょう。◯◯駅周辺、居酒屋、飲み放題付き、参加人数、個室、一人△円まで……などなど。これは、つまり、キーワードを設定しているんですね。

これらのキーワードに一致するお店を、「ぐるなび」「HOT PEPPER」「食べログ」

などのグルメサイトで検索して調べる。そして、表示された一覧の中から、良さげなお店を1つ選ぶ。今までの人生で一度でも幹事を担当したことがある人は、この手順を踏んできたはずです。

幹事未経験の人は、「引っ越し」ならしたことがあるでしょうか。新居を探すときは、家賃、間取り、最寄り駅まで徒歩○分、バストイレ別、2階以上、敷金礼金なし、オートロックなど「希望条件」を出して、それに該当する物件を選ぶでしょう。

お店選びにしろ、住居選びにしろ、**多くの候補があるときは、まずキーワードを設定して、それに一致したものを選ぶ**。

これは「万事に通じる手法」と言っていいでしょう。あなたの日常生活でも、無意識のうちにすでに取り入れていたのに、なぜかそれを「読書ではしていなかった」のです。

誰もが良いお店選び、良い物件選びには真剣に取り組むのに、「良い本選び」に気を抜きがちなのは、読書が個人作業であること（失敗しても他人に迷惑をかけるわけではない）、1冊にかかる金額がせいぜい1500円程度で済むこと（引っ越しはある程度まとまった金額が必要）もあるのでしょう。「他の人がやらないことをする」

のは、まわりの人と差をつけるチャンスですね。

リストアップしたキーワードを、「読書サイト」で検索する

お店を選ぶときに利用するのは、「ぐるなび」「HOT PEPPER」「食べログ」などのグルメサイト、物件を選ぶときに利用するのは、「SUUMO」「HOME'S」「at home」などの住宅情報サイトです。

だから、**本を選ぶときに利用するのは、「Amazon」「ブクログ」「読書メーター」などの読書サイト**となります。

①それぞれのトップ画面で設定したキーワードを入力。
②キーワードが含まれる本の一覧が表示される。
③その中から読みたい本を選ぶ。

という流れで、**「欲しい情報」と「読む本」の擦り合わせ**を行なってください。

ただし、ここで表示される本は、あくまでもキーワードに一致したもの。

「良書を読むための条件は、悪書を読まぬことである。人生は短く、時間と力には限りがあるからである」

これはドイツの哲学者・ショーペンハウエルの言葉ですが、表示された本を全部読んでいる時間はありません。どうせなら良書を読みたいですよね。

飲み会の幹事をするときも、グルメサイトで表示されたすべてのお店に下見に行くわけにはいかないでしょう。いくつか候補をリストアップして、その中から1つを選ぶときは「口コミ」を参考にするのではないでしょうか。

今は何でも、インターネットである程度は調べることができますが、体験談に勝るものはありません。実際にそこで食事をした人の感想は、お店選びの重要な判断基準になります。だから、**本を選ぶときも「読者のレビュー」を大いに参考にしましょう。**

ただし、注意しないといけないことがあります。

「読者のレビュー」を参考にして、表示された本を精査する

「口コミ」や「レビュー」を見るときに、常に心の片隅に置いておかないといけないのは、**「どんな人が書いているかわからない」**ということです。

たとえば、〝芸能界のグルメ王〟と呼ばれている寺門ジモンさんや渡部建さんが、「料理がまずかった」と星1つをつけたとしても、衣食住の中で「食」の優先順位が低くて、お腹が膨れれば満足という人なら、「すごくおいしかった」と星5つをつけることもあります。同じお店で同じものを食べても、レビュアーのレベルによって評価は異なる、ということです。

本書も、池上彰さんや佐藤優さんのような〝読書の達人〟が読むと、すでに知っていることばかりで、つまらないかもしれません。でも読書歴が浅い人や、これから頑張って読書していこうと思っている人にとっては新鮮で、ためになることが書いてあるかもしれない。**誰かにとっては「当たり前」でも、自分にとっては「ありがたい情**

報」だったりするのです。

また、レビューで星1つ・星2つが多い本は避ける人もいると思いますが、**低評価をつけているのは「競合他社」や「知人」という可能性もあります**。その本が売れることによって、今まで享受《きょうじゅ》してきた利権が脅かされる人が攻撃してきたり、あとは単純な嫉妬《しっと》ですね。知り合いが売れっ子になって、チヤホヤされることが気に食わない。

「文は人なり」という言葉がありますが、レビューを読めば、書いた人の知性や性格がだいたいわかります。「読み始めて5分でゴミ箱に捨てました」「トイレットペーパーとして使いました」「枕代わりにして寝ました」。こういう口汚い言葉を使う人がどういう人か、容易に想像できますよね。

職場や学校に、しょっちゅう暴言を吐いて他人を攻撃してくる人がいたら、なるべくかかわらないようにするでしょう。本選びでも同じように、罵詈雑言《ばりぞうごん》はサラリと読み流すことが大切です。

では、レビューを見るときは、いったい何を判断基準にすればいいのでしょうか。

レビューで良書かどうかを見抜くための判断基準

――「個人的な評価」ではなく「客観的な事実」

出された料理が「おいしい／まずい」、読んだ本が「おもしろい／つまらない」というのは、あくまでもその人の「個人的な評価」です。「星の数」もそうですね。そして、これほど当てにならない、信用できないものはありません。

「星5つ」の高評価がすべて偽物（サクラレビュー）ということもありますし、数少ない「星1つ」の低評価が真実を言い当てていることもあります。「Amazonで高評価なので購入してみました」というのは、かなり危険な行為です。

読書は好きでやっていることなので、他人の主観に惑わされるのではなく、「自分の中」に判断基準をつくりたいところです。

そのためにレビューで参考にするのは、**「客観的な事実」**です。飲食店で言うと、次のような記述が客観的な事実に当たります。

「渋谷のレストラン『レガート』では、エレベーターをおりてすぐに『コートをお預かりいたしましょうか』と言われます」(『店長さんのここが好き 愛されるお店をつくる60のサービス』中谷彰宏)

私はレガートに行ったことがあるのですが、このとおりの出迎えを受けました。「入口でコートを預けてから入店する」というのが客観的な事実、そして「応対した店員の感じが良かった／悪かった」というのは個人的な評価。そのお店に行くか、行かないかという判断基準は、前者でないといけません。

【客観的な事実】……これをもとに判断する

・料理が出てくるのが早い／遅い
・店員を呼ぶとすぐに来る／全然こない
・店内がきれい／汚い
・店員同士が怒鳴り合う声が聞こえる、「いらっしゃいませ」と言われない

【個人的な評価】……あくまでも参考程度に

・料理がおいしい／まずい

・料理のボリュームが多い／少ない

・価格が高い／安い

・お店の雰囲気が良い／悪い

カタカナの「ソ」と「ン」って、すごく似ているので一見同じに見えますが、よく見ると違いがわかるでしょう。

本のレビューも、「個人的な評価」と「客観的な事実」が混在している文章の中で、違いをしっかりと読み分ける必要があります。

【客観的な事実】……これをもとに判断する

・何が書いてあったか

【個人的な評価】……あくまでも参考程度に

・内容がおもしろい／つまらない
・真新しいことがたくさん／すでに知っていることばかり
・文体やリズムが好き／嫌い

読書における客観的な事実というのは、本の内容。つまり「何が書いてあったか」ということですね。

それを読む前に判断するヒントになるのが、「複数の人がレビューに書いているキーワード」です。

レビューで頻繁に出てくる「キーワード」に注目

たとえば、読書サイトに書かれていた、本田健さんの『決めた未来しか実現しない』という本のレビューを見てみましょう（※一部改変しています）。

・**ランデブーポイント**のアイデアには驚きました。

・**ランデブーポイント**を設定すると、日々の生活に**シンクロニシティ**が訪れるとのこと。
・**シンクロニシティ**を使った成功法則の話です。
・**ランデブーポイント**が定まれば、**シンクロニシティ**が巡ってくるらしい。
・**シンクロニシティ**が起こったときに、それを感じ取る感性が大切ということだった。
・願望を明確にして、**ランデブーポイント**を設定することが大事。
・毎日ドキドキしながら、**シンクロニシティ**を追いかけたい。
・**シンクロニシティ**という概念は、とても納得がいきました。
・**ランデブーポイント**を設定し、**シンクロニシティ**を引き起こして願望を達成したい。

これを読んだだけでは詳しい本の内容はわかりませんが、どうやら「ランデブーポイント」と「シンクロニシティ」のことが書いてあるんだな、ということは推測できますよね。

本文中に一度も出てこなかったキーワードを、赤の他人が揃って書くというのはありえません。**「複数の人がレビューで書いているキーワード＝本に書いてあったこと」**なのです。

この「客観的な事実」に興味を持ったり、もっと詳しく知りたいと思ったら読めばいいし、どうもピンとこなかったり、思っていたのと違うようならその本は見送る。頻出のキーワードをヒントに、最後は自分の頭で判断することが大切です。

本書を読んだあとに、読者に書かれるレビューを予想してみた

本書も、読み終えた方からレビューを書いていただけるかもしれません（そうしていただけると大変ありがたいです）。

そこで、少し気が早いのですが、どんなことが書かれるかを先に予想してみました。

まずは、著者のプロフィールに関することから。

★☆☆☆☆
著者はまだ**30代**らしいが、読書術の本を出すには若すぎる。この分野は池上彰、佐藤優などある程度、年齢を重ねて人生経験が豊富な人が書くものだと思う。

★☆☆☆☆
30代で**3500冊**なら読んでいるほうだと思うけど、これまでに1万冊以上読んできた小生に言わせれば、まだまだひよっこと言わざるを得ない。

★☆☆☆☆
著者は**3500冊**読んだとおっしゃられていたが、読書は「量よりも質」ではないでしょうか。世の中には、1冊で1000冊分くらいの価値がある本もありますよ。

3人とも「言いたい放題」という感じですが、この星の数だけを見て、「星1つの低評価が3つ連続しているから、読むのはやめておこう」と考えてしまう人は論外です。いかに他人の主観に左右されているかを、自覚しないといけません。

レビューで注目するのはそう、**「複数の人が書いているキーワード」**でしたね。

ここまでに頻出しているのは、「30代」「3500冊」というキーワードです。著者は30代で、今までに3500冊の本を読んできた。もし、あなたが20代なら私のほうが「年上」に、50代なら「年下」ということになります。〝小生さん〟のようにすでに1万冊読んでいるなら、読書量は「少ない」ですし、つい最近読書に目覚めた人なら「多い」となるでしょう。「それでも読んでみたい」と思うかどうか。これを自分の頭で判断するのです。

2018年に大学の医学部の入試で、「女子だから」という理由で不合格になったことが問題になりました。性別だけで合否を決めるのは、さすがに理不尽だと思いませんでしたか?

著者のプロフィールだけを見て、低評価を下すのもやっていることは同じです。先述の3つのレビューは軽く読み流して、本で何より大事な「コンテンツの中身」について触れている、以下のようなものを熟読してください。

◎**クリッピング**という仕事があるなんて初めて知った。一日中、**キーワード**を探しながら文章を読み続けるのは大変そうだけど、活字が好きな人には向いているかもしれない。

◎本を読む前に頭の中に**キーワード**を設定して、それを「検索するような感覚」で本文を読め、ということだった。確かに、普段ネットで検索するときは**キーワード**を入力して情報をとっているから、言われてみると、なるほどという感じ。

◎著者が仕事でやっている**クリッピング**の要領を、読書に流用したもの。「**キーワード**を制する者は、読書を制する」とのこと。

◎今までいかに何も考えずに本を読んでいたかがよくわかった。これからは**キーワード**を設定して、「一人**クリッピング**」をしているような気分で読もうと思う。

いずれも私が勝手に創作したものですが、このようなレビューを見ると、「クリッピング」と「キーワード」、この2つが本の主題になっていることが推測できますよね。

「クリッピング」というのは、先ほどの「ランデブーポイント」と同じで、読まないと意味がわからないかもしれませんが、聞いたことがない言葉だからこそ、自分に新しい価値観を与えてくれるかもしれない。そんな期待感を少しでも抱いたなら、この本は「買い」なのです。

読者レビューの頻出キーワードを手っ取り早く入手する方法

ここまで読んで、読者レビューを見るときは、「よく出てくるキーワードに注目すればいいんだな」というのはおわかりいただけたのではないでしょうか。

問題は、この作業をするには時間がかかるということですね。「頻出キーワード」だけを手っ取り早く教えてくれる、そんな機能があったらいいなと思いませんか?

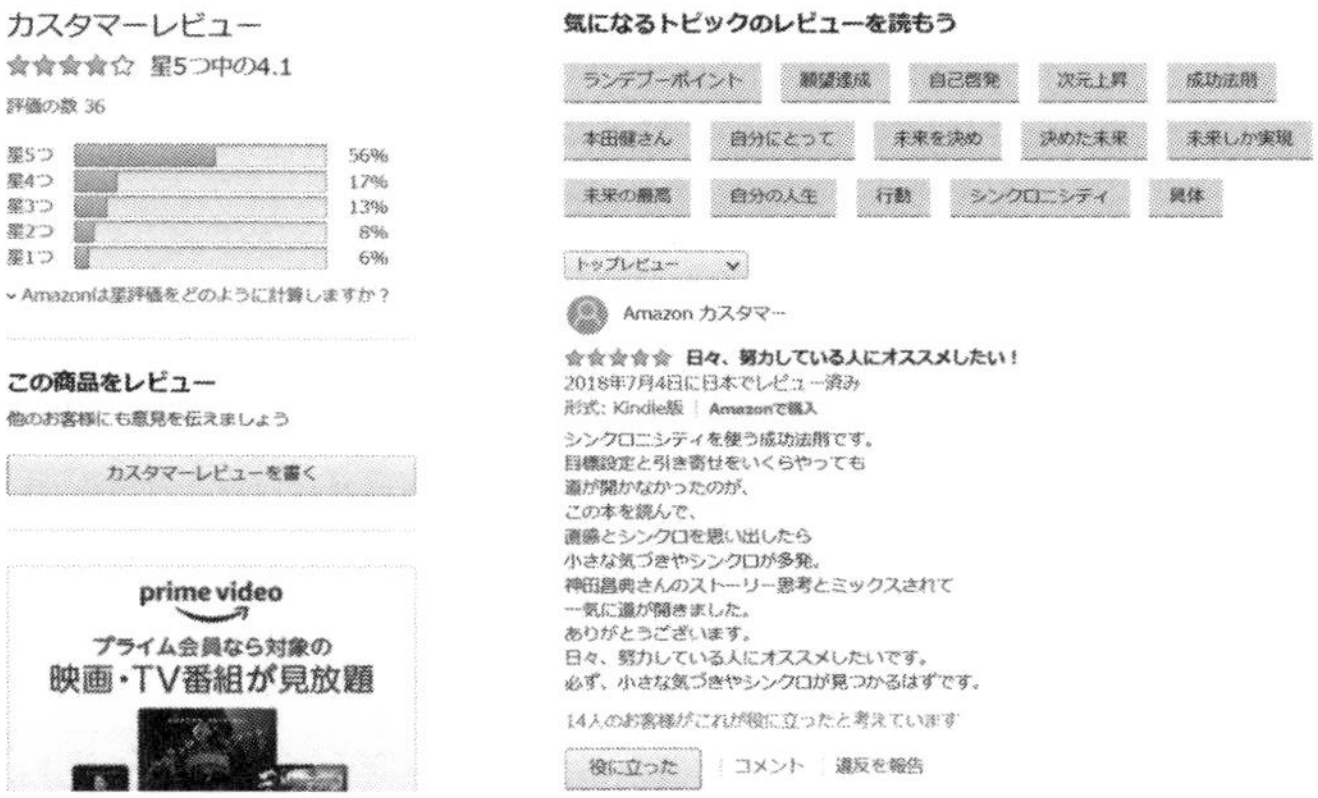

実はあるんですよ、Amazonに！

Amazonでレビューを見るときは、本のタイトルの下にある「○個の評価」という部分をクリックします。そして、表示された画面右側、一番上に注目してください。「気になるトピックのレビューを読もう」という項目で、いくつかのキーワードが並んでいるでしょう。これが「多くのレビュアーが使っているキーワード」なんです。

上の図は、本田健さんの『決めた未来しか実現しない』のカスタマーレビューですが、「ランデブーポイント」と「シンクロニシティ」というキーワードが表示されています。**自分でイチから全部読まなくても、自動的に頻出キーワ**

ードを集計して表示してくれる。さすがはAmazon、利用者が求めることをよくわかっていますよね。

「〇個の評価」をクリックした後に出てくる画面で、多くの人が注目しがちなのは左側にある「星の数のグラフ」だと思いますが、これからは右側の「気になるトピックのレビューを読もう」を意識して見るようにしてみてください。

レビューがまだ書かれていない「新刊」が良書かどうかを見抜く方法

とても便利なAmazonのこの機能で、唯一の欠点を挙げるとすれば、「ある程度のレビュー数が必要」ということです。「多くのレビュアーが使っているキーワード」を抽出するには、「多くのレビュー」が投稿されていなければなりません。

いくら話題になっている新刊でも、発売直後のレビュー数は少ないもの。どうしてもすぐに読みたい場合は、**書店で手に取って、自分の目でキーワードを確かめましょう。**

本全体をパラパラとめくってみて、「自分で設定したキーワード」や「目を引くキーワード」があれば「買い」、すべてのキーワードが文章に埋没していれば「見送り」です。

これは、わかる人にはわかる感覚だと思うのですが、書店に行くと本に呼ばれているような気がしたり、タイトルと目が合ったりすることってありませんか？

理屈ではうまく説明できないのですが、本当にこういうことがあるんですよね。そのときの自分と「波長が合う本」と言えばいいでしょうか。

ピンとくるキーワードも、もしそれが本の中に存在するなら、勝手に向こうから目に飛び込んでくるものです。書店で品定めをするときは、全神経を研ぎ澄ませて〝パラパラ読み〟に挑んでください。

読む前に、「Q&Aサイト」でキーワードが含まれる質問を検索する

読者レビューを参考にして、「欲しい情報」と「読む本」の擦り合わせが完了した

ところで、意中の本をすぐに読み始めてもいいのですが、時間に余裕があるなら、もう1つぜひやってもらいたい「予習」があります。

人がビジネス書を読む理由は、自分の「良くないところ」や「うまくできないところ」を変えたいからですが、広い世の中には、自分と同じようなことで悩んでいる人がたくさんいます。

そこで見てもらいたいのが、「Q&Aサイト」です。**あなたが設定したキーワードを入力して、どんな答え（解決方法）が書かれているか、予習してみてください。**

このときに利用するのが、第2章で紹介した、恐ろしく便利な**「関連キーワード取得ツール」**です。これは、Googleのサジェストキーワードが一気に700個表示されるというものでしたが、同時に「Yahoo! 知恵袋」と「教えて!goo」でそのキーワードが含まれる質問も表示してくれるのです（75ページの図参照）。

たとえば、「読書　アウトプット」というキーワードを入力すると、「読書内容を身につけるためのアウトプットの方法を教えてください」「本の内容を咀嚼《そしゃく》してアウトプットしたいのですが、読んでいるうちにどんどん忘れてしまいます」といった悩み相談が表示されます。そこにどんな答えが書いてあるかを先に調べた上で、読書術の本を読むのです。

「インターネットで調べたら、読書は必要ないんじゃないか」と思うかもしれませんが、ネットの情報は玉石混淆《こんこう》です。医療系の質問で、回答者が「現役の医師です」と書いていても、本物の医者である保証はどこにもありません。実際はすごく太っている人が、ダイエットのアドバイスをしている可能性もあります。

読書に関する悩み相談も、回答者の素性はわかりません。「普段から本なんて読まない」という人でも、それっぽい回答を書こうと思えば書けるわけです。これを真に受けて行動するのは、あまりにも危うい。

だから、著者のプロフィールや実績が公表されている本を読んで、〝信憑《しんぴょう》性が高い情報〟をとりに行く必要があるのです。

書籍として世に出すわけですから、Q＆Aサイトに書かれていた回答よりも、専門的で体系化された知識を身につけさせてもらえるはず。「キーワードに注目して読みましょう」というたった1行の回答も、それを〝ナリワイ〟にしている私が掘り下げて書けば、こうして1冊の本になります。いざ、著者の「お手並み拝見」という感じで読んでみてください。

読書は「事前準備」が9割

以上、第2章と第3章が、読書の「事前準備」になります。

おそらく、今まではこの過程をすっ飛ばして、いきなり実践に入っていたのではないでしょうか。だから結果が出なかった（情報がとれなかった）のです。

マラソン大会でも、練習せずにぶっつけ本番でレースに出場したら、良いタイムが出せるわけがありませんよね。

高橋尚子さんがシドニー五輪で金メダルを獲った翌年、ベルリンマラソンで2時間19分46秒という当時の世界最高記録を樹立しました。このレースのスタート前に、次のような言葉を残しています。

「今までにいったいどれだけ走ったか。残すはたった42キロ」

この日に至るまでに、私たちの想像を絶するような練習と、血の滲《にじ》むような努力を積み重ねてきたのでしょう。**「良い準備が良い結果を生む」のは、マラソンも読書も同じ**です。このQちゃんの名言をアレンジして、あなたにはこんな言葉を贈ります。

「今までにいったいどれだけ調べたか。残すはたった２００ページ」

キーワードを設定すること。

キーワードが出ていると思われる本を選ぶこと。

Ｑ＆Ａサイトで回答を予習すること。

ここまでデジタル（ネット）の情報を活用して、一生懸命調べてきましたよね。あとは、約２００ページのアナログ（読書）の作業で結果を出すだけ。次の第４章からは、いよいよ実践篇です。

第4章

キーワードをアップデートする方法

時間をかけて本を選んでも、期待どおりにはいかないこともある

実際にキーワードを頭に入れて本を読むと、さまざまなパターンに遭遇します。まずは、設定したキーワードがたくさん出てきて、欲しい情報がとれた。これはまさに理想的な読書です。わかりやすく言語化・体系化された知識に触れると、「この本を読んでよかった」と満たされた気持ちになるでしょう。すでに知っていたことであっても、科学的根拠があることがわかると、自信の土台になります。

このパターンはマラソン大会でいうと、予定どおりのペースで快調に走って、自己ベストが出たみたいな感じでしょうか。

でも残念ながら、現実の読書はこううまくいくことばかりではありません。時間をかけて調べて、キーワードに一致する本を選んだとしても、期待どおりにはいかないこともあるのです。

沿道から野次を飛ばされたり（著者にキーワードを否定されたり）、途中で急にペ

ースメーカーがいなくなったり（キーワードが出てこなくなったり）、新たなライバル（キーワード）が現れたり……。

思いどおりにいかないときこそ、気持ちの切り替えが大事です。

読みながらどのように対応すればいいのか、パターンごとに説明します。

設定したキーワードは出てきたけど、著者に否定されてしまった場合——パターン①

たとえば、あなたが自社製品の売上アップのために、マーケティングを勉強しようと思ったとします。そこで本を読む前に、頭の中に「マーケティング」というキーワードを設定しました。

▼読む前に設定したキーワード＝マーケティング

マーケティングには、「マーケティングミックス（4P）」と言われる有名なフレームワークがあります。Product（製品）、Price（価格）、Place（流通）、Promotion（プロモーション）という4要素を指すのですが、この「4つのP」について深く掘り下げて説明している本があったら、ドンピシャな感じがしますよね。

そこで、4Pのことが書いてあるだろうと期待して、経済ジャーナリストで経営者でもある木暮太一さんの『どうすれば、売れるのか？』という本を読んだところ、次のようなフレーズがありました。

「マーケティングを考える前に、商品が持つコンテンツを考える」

あなたは、マーケティングのことが知りたかったのです。「マーケティングを学ぶぞ！」と意気込んでいたのに、いきなり「その前に考えないといけないことがある」なんて言われたら、出鼻を挫《くじ》かれたような気分になりませんか？

これは設定していた「マーケティング」というキーワードを、著者に否定されてしまった形です。さて、どうするか？

「目指すゴール」が同じなら、投げ出さずに粘る

ここで、別のわかりやすい事例を挙げてみます。たとえば、あなたが富士山に登るために、山登りのガイド本を買ったとします。富士山には、①吉田ルート、②須走ルート、③御殿場ルート、④富士宮ルート、全部で4つの登山ルートがありますが、その中でも圧倒的一番人気で、山小屋や救護所の数が多い「吉田ルート」で登りたいと思っていました。

▼読む前に設定したキーワード＝吉田ルート

しかし、いざ読み始めてみると、著者は最短距離で登頂できる「富士宮ルート」がお気に入りの模様。ページをめくれどめくれど、富士宮ルートの解説ばかり。それどころか「吉田ルートは4ルートの中で最も登山者数が多く、山頂付近で〝ご来光渋滞〟が起こるのでオススメしない」と書いてありました。これも、設定したキーワー

ドを著者によって否定された形です。

ここで考えなければならないことは、「目指すゴール」（＝目的）が同じかどうか。あなたのゴールは「富士山に登頂する」こと。そのために利用するのは、絶対に吉田ルートでないといけないんでしょうか。冷静に考えてみると、別に富士宮ルートでもいいですよね。

「そんなに富士宮ルート推しなんだったら、その理由を納得できるように説明してみろよ」

突然、言葉遣いが荒くなって失礼しましたが、**キーワードを否定されたときは、「では、いったいどんな代替案があるんですか？」と著者を試すようなつもりで、若干の〝上から目線〟で読めばいい**のです。

何事も正解は1つではないし、ゴールまでのプロセスは無数にあります。自分では思いつかなかった他人のアイデアに、ちょっと耳を傾けてみるということです。

目指すゴールが同じで、最終的に「やりたいことが実現できそう」「なりたい自分になれそう」なら、途中で投げ出さないで、**いったん著者がオススメするキーワードに乗っかってみましょう。**ひとまずこのガイド本からは、富士宮ルートの情報を集めてみるのです。

▼脳内のキーワード＝「吉田ルート」から「富士宮ルート」にアップデート

さて、ここで先ほどのマーケティングの話に戻ります。

あなたのゴールは、「自社製品の売上アップ」でしたね。そのために、マーケティングを勉強しようと思ったところ、著者に「マーケティングを考える前に、商品が持つコンテンツを考えろ」と言われてしまいました。この本のタイトルは『どうすれば、売れるのか？』ですから、モノを売るための方法が書いてあるはず。つまり、目指すゴールは同じ。ここは粘るべきですよね。

▼脳内のキーワード＝「マーケティング」から「コンテンツ」にアップデート

「マーケティングの前に〝商品が持つコンテンツ〟とやらを考えないといけない理由を、納得できるように説明してみろよ」

またまた言葉遣いが荒くなってしまいましたが、いったん頭の中のキーワードを「マーケティング」から「コンテンツ」にアップデートして、著者の代替案を聞いてみることにしましょう。

すると、

・商品のコンテンツに魅力がなければ、話は始まらない。
・魅力がない商品を、いくら宣伝しても売れない。
・テレビCMがバンバン流れていても、そもそも欲しくない商品を買うことはない。
・だからまずは、その商品を魅力的にすること。
・その商品に魅力的なコンテンツを持たせなければいけない。

実にわかりやすく、筋道の通った説明がなされていました。

これは本書に当てはめて考えてみると腑に落ちます。一人でも多くの読者に届けたいと思っていますが、いくら新聞に広告を出してもらったり、書店で目立つ場所に置いてもらったとしても、肝心の中身がおもしろくなければ絶対に売れません。芸能事務所がゴリ押ししたタレントの人気が長続きしないように、〝中身のない本〟を出版社の力だけでベストセラーにすることは難しいですよね。

読書前は「売上アップの方法＝マーケティングを勉強する」が正しいと思っていたのに、読書後には、コンテンツを磨くことが何より大事だと思うようになった。

キーワードを否定されても、「ゴールは同じだから」と粘って著者の主張に耳を傾けた結果、それまでの自分の固定概念を覆される。こんな考え方があるんだと、脳みそがパカーンとなる。これも読書の大切な側面であり、醍醐味でもあると思います。

設定したキーワードが全然出てこない場合——パターン②

キーワードを設定して読み始めても、全然出てこない（あるいは途中から出てこなくなる）こともあります。

世の中には、タイトルと中身が一致していない本や、タイトルと一致した内容が書かれているのは「全体の中で1つの章だけ」、ひどいものは「数ページだけ」という本があるんですよね。

第1章の『村上座談会』で言うと、春樹さんが前半で帰ってしまった、みたいなパターンです。こうなると必然的に、後半は「春樹」というキーワードは出てこなくなります。ハルキストなら文句の1つも言いたくなるでしょう。こんな本を選んでしまった自分の〝引きの弱さ〟を嘆きたくもなります。

でも普段、Googleで何かを調べたとき、思いどおりの結果が出なかったら、速やかにキーワードを変更して再チャレンジしますよね。「役に立たない情報ばかり表示しやがって、Googleいい加減にしろよ」とは思わないはずです。インターネットも読書も、活字媒体から情報をとるということでは同じ。それならば読書でも同じように、**臨機応変にキーワードを変更すればいい**と思いませんか？

ここで実際に、私が読書中にキーワードを変更した事例を挙げてみます。

ジェニファー・L・スコットさんの『フランス人は10着しか服を持たない』という本をご存じでしょうか。印象に残るティファニーブルーの表紙でベストセラーになりましたので、きっと読まれた方も多いでしょう。

私は最初、このタイトルを見たときに、「片付け」か「断捨離」の本だと勝手に思い込んでしまったのです。作家の林真理子さんが、自宅のクローゼットの洋服の山を「チョモランマ」とたとえていますが、当時、私の家にも「高尾山」くらいの山ができていました。

普段は扉を閉めているので見えないのですが、「高尾山を隠すためだけに存在しているクローゼット」のことが、心のどこかでずっと気になっていたのです。そんなときにこの本の存在を知って、発売されたのが10月でちょうど衣替えの時期だったこともあり、「高尾山をなくしたい」という一心で購入しました。日本には四季があるので10着とはいかないかもしれないけれど、本からヒントを得て少しでも服を減らせたらいいな、と。

▼読む前に設定していたキーワード＝クローゼット、服を減らす、断捨離

ところが……。読み始めてから気づいたのですが、この本は「片付け」の本ではなく、アメリカ人の著者がフランスに留学したときの「体験記」でした。フランス人のシックな生き方がテーマごと（食事、インテリア、エクササイズ、メイクなど）に紹介さ

れていて、その中の1つの項目として「ワードローブ」というのがあったのです。

ホームステイをした家のクローゼットがとても小さくて、扉を開くとハンガーが10個くらいしかなかった。その10着のワードローブの中身については詳しく書かれていて、とても興味深く読めたのですが、知りたかったのは服を減らすための「具体的なメソッド」。なんだか肩透かしを食らったような気分になりました。

さて、どうするか？


少し話が逸れますが、私は趣味でマラソンをしています（ここまで、やたらマラソンのたとえが多いなと思われていたかもしれません）。今までにフルマラソンを21回完走していて、自己ベストは3時間41分。ホノルルマラソンやゴールドコーストマラソンなど、海外の大会にも出場経験があり、ヨーロッパのレースにも出たいと思っていました。その候補として、ベルリンマラソン、ロンドンマラソンとともに、「パリマラソン」も考えていたのです。

いつかは走ってみたいパリマラソン。そのときがきたら『地球の歩き方』を買ったりして、勉強することになるフランスの文化やマナー。知っておきたいフランス人のライフスタイル。それが書いてある本が目の前にある。

「だったら今、学べばいいんじゃないの？」

▼変更後のキーワード＝フランスの文化、フランスのマナー、フランス人のライフスタイル

というわけで、読書中にキーワードの変更を決断。
すると、それまで埋没していた「ワードローブ」以外の項目が、急に輝きを放って目に飛び込んでくるから不思議です。
「フランス人はものを食べながら歩いたりしない」（自分もしないようにしよう）、「フランスでは同じ服を1週間に2、3回着るのは当たり前」（必要最低限の服だけ持って行こう）
など、未来のパリ遠征の予習ができて、結果的に大満足の読書になりました。

頭の中にたくさんの「潜在的なキーワード」を抱えておく

たとえば、会社の昼休みにいつも通っているお店にランチに行ったところ、「本日臨時休業」という貼り紙がしてあったとします。予想外の展開に一瞬、戸惑うかもしれませんが、他にも近くに知っているお店があったら、難なくスライドできますよね。そうして訪れた二軒目のお店の料理がおいしかったら、食後にこう思うでしょう。

「思っていたのとは違ったけど、これはこれで良かった」

これは私が、『フランス人は10着しか服を持たない』を読み終えたときに抱いた気持ちでもありました。〝本命のお店〟に行けなくても、〝本命の情報〟がとれなくても、**自分の中にある〝行きたいお店〟や〝知りたい情報〟のストックを活用すれば、「思っていたのと違う」を「これはこれで良かった」に上書きすることができる**のです。

〝知りたい情報〟のストックとは、「潜在的なキーワード」と考えるといいでしょう。

「潜在的＝外からは見えないで内部に隠れて存在する」という意味ですが、私にとっては「パリマラソン」がまさにそうでした。心から渇望していたわけではなく、普段は特に意識もしていなかったけれど、確かに自分の中で叶えたい夢として存在していたのです。

時間ができたら詳しく調べようと思っているデータ。放置している懸念事項。「あとでやる」に入れているTo Do List。

読書が得意な人は、**〝本命の情報〟がとれないと気づいたときに、これらの「潜在的なキーワード」を心の奥底から引っ張り出して、目の前の本の内容と関連づけること**がとても上手です。

だからどんな本でも、何かしら自分に必要な情報をとることができるんですね。

心に引っかかっているのに、「急ぎではないから」とつい後回しにしてしまっていること。じっくり向き合わないで避けていること。

「潜在的なキーワード」とは、つまり「緊急ではない重要事項」なのです。スティーブン・R・コヴィー博士の著書『7つの習慣』によると、この「緊急ではない重要事項」をどれだけ行なったかで、その人の人生が決まると言われています。

設定したキーワードが全然出てこない、思いどおりに情報がとれないということは、自分の中の「緊急ではない重要事項」と対峙する絶好のチャンスです。**読書中に「潜在的なキーワードをどれだけ引き出せたか」で、今後の人生が決まる**と言っても過言ではありません。

縁があって一度は手にした本です。思い描いていた内容（球種）と違ったからと言って、すぐにページを閉じる（あっさり空振りする）のではなく、あきらめずにキーワードを変更（何とかバットに当てようと）して粘ってみる。最終的に、「これはこれで良かった」（ホームラン本）と思える読書に持っていきましょう。

読み進めるうちに、気になるキーワードが出てきた場合——パターン③

2018年6月8日、私は東京国際フォーラムで行なわれた「オリンピックコンサート」に行きました。これは、オーケストラの生演奏を聴きながら、過去のオリンピックの映像を見て、平昌五輪のメダリストのトークもあり、というなんとも贅沢なイベント。お目当ては、スピードスケートの小平奈緒選手と高木姉妹でした。

▼行く前に設定していたキーワード＝小平奈緒、高木菜那、高木美帆

このイベントの途中で、ゲストアーティストとして歌手の森山直太朗さんが出てきたのですが、歌ってくれた「今が人生」という曲があまりにもすばらしかったのです。壮大なオーケストラ、ＮＨＫ東京児童合唱団のコーラス、森山さんの圧倒的な声量。この３つが見事に融合したド迫力のステージは本当に感動的で、私の頭の中は完全に「直太朗一色」になってしまいました。

▼新たに追加されたキーワード＝森山直太朗

このように、**本命のキーワードに一途に向かって行った結果、それまで頭の片隅にもなかった新たなキーワードが追加される**という現象は、読書においても発生します。**内容が詰まっている本や、固有名詞がたくさん出てくる本ほど「多発する」**と言ってもいいかもしれません。

キーワードを設定して、それが出ている本を読むという方法は、「なんだかそのまんまでおもしろみがない」とか「自分に都合の良い情報しか集まらない」と思うかもしれませんが、キーワードと直接関係ないことにも興味を抱いてしまうのが人間なのです。

たとえば、本書の読者の中で、読む前に「クリッピング」というキーワードを設定していた人はいなかったと思います。むしろ、「そんな仕事があるなんて知らなかった」という人がほとんどでしょう。実際に、第2章で紹介した「関連キーワード取得ツール」で「読書×く」のサジェストキーワードを検索してみたところ、

【読書×く】……クッション、空間、クラシック、首が痛い、苦痛、工夫……

「クリッピング」は予測変換に出てきませんでした。でも、ここまで読み進めるうちに、気になってきた人もいるんじゃないか、と。活字中毒の人にとって、朝から晩まで文章を読み続けてお金がもらえるというのは、〝好きを仕事〟にできる夢のような話です。「自分もやってみたい」と興味を持った人が一人ぐらいいてもおかしくない

ですよね。

また、ここまでいろいろな事例を挙げながら説明してきましたが、この第4章だと「富士登山」「パリマラソン」「オリンピックコンサート」なども気になった人がいるかもしれません。

▼本書を読み進める中で、あなたが新たに追加したキーワード（推測）＝クリッピング、富士登山、パリマラソン、オリンピックコンサート……

目に留まるキーワードには、何らかの理由があります。

以前から密かに気になっていたものだったり、自分の生活に身近なものだったり。自覚していなかったけれど、実は求めていたものだった、ということもあるかもしれません。そして、これらのキーワードが、スティーブ・ジョブズが言っていた「**コネクティング・ザ・ドッツ**」、のちの人生で起こる出来事の「伏線」になったりするのです。

人間の気持ちが変わりやすいことをたとえた「男心と秋の空」「女心と秋の空」と

いうことわざがありますが、1冊の本を読むほんの数時間の間にも、私たちの価値観や好みはどんどん変わっていくものです。

『村上座談会』でも、最初は「春樹」目当てで読んでいたけれど、だんだん「龍」のコメントに魅力を感じてきた。「ショージ」のギャグもなんだかクセになるし、「佳菜子」もすごくかわいい。何者かよく知らない「悠子」も、意外にいいことを言っている。このような心境の変化は、往々にして起こるものです。それだったら、途中でキーワードを「村上春樹」から「気に入った人物の名前」にアップデートして読み続ければいい。

想定外の「NEW WORD」に出会えるのは、読書の魅力の1つです。気になったキーワードはスルーしないで、頭の中にどんどん追加していってください。

基本は読む前に設定したキーワードを必死に探しながらも、偶発性を楽しむスタンスで読書をしましょう。

ベストセラー本のキーワードの特徴

ベストセラーになる本は、自分の予想とはまったく違った**「斜め上」のキーワード**を打ち出してくるものです。

今までにはなかった発想や切り口で、最初はちょっと違和感があるのですが、試しにやってみるとうまくいく。あるいは読んでみるとおもしろい。読者は脳みその回路を書き換えられて、いわば「脳内革命」が起こったような状態になるんですね。

このわかりやすい事例が、近藤麻理恵（こんまり）さんの『人生がときめく片づけの魔法』です。世界で累計１０００万部を超えている大ベストセラーですから、きっと皆さんご存じでしょう。

こんまりさんが打ち出してきたキーワードは、「ときめき」ですね。

片付けの本ですから、読む前に多くの人が設定していたキーワードは、

▼片付けるもの　↓　洋服、書類、食器、ぬいぐるみ、郵便物、本

▼片付ける場所　↓　キッチン、リビング、クローゼット、デスク、寝室

それぞれの家で散らかっている場所やモノを思い浮かべて、その収納方法を知りた

くて手に取ったと思うのですが、そこに「ときめき」というキーワードを持ってきたわけです。

「モノを一つひとつ手にとり、ときめくモノは残し、ときめかないモノは捨てる」

これまで「ときめき」という言葉は、好きなことをしたり、好きな人に会ったり、好きなものを食べたりするときに使うものでした。それをこんまりさんは、片付けという面倒くさくて、どちらかというとマイナスイメージのある作業に掛け合わせてきた。新鮮味があって、お金をかけずに誰でも簡単にできる。だから、ベストセラーになったのでしょう。

最近の本だと、『ざんねんないきもの事典』。「生き物」と掛け合わせるキーワードとしては、「かわいい」とか「珍しい」とか「強い」ならわかるのですが、「ざんねん」ときました。これもなかなか斬新な切り口ですよね。

以前、表参道の猿田彦珈琲に行ったとき、ここはブックディレクターの幅允孝さんが厳選した1500冊以上の本が置いてあるのですが、たまたま私が座った席のすぐ横の本棚に『ざんねんないきもの事典』があったんです。試しに手に取って読んでみたら、すごくおもしろい！「どうしてこんなふうに進化してしまったのか…」とツッコまずにはいられない内容で、子供は楽しく読めるだろうし、大人も勉強になる。これは売れて当然だな、と。

あともう1冊、『うんこ漢字ドリル』も忘れてはいけません。一般的に「ドリル」と聞いて思い浮かべるキーワードは、「教科」や「難易度」や「該当学年」だと思うのですが、まさかの「うんこ」。下品な言葉ですが、子供は大好きですよね。もし「あんこ」とか「インコ」といった上品なキーワードだったら、学習ドリルがここまで売れることはなかったでしょう。

ベストセラーになるということは、著者や編集者が打ち出した「斜め上のキーワード」が多くの人に受け入れられている、ということです。そのキーワードがいったい何なのか、探りながら読むとマーケティングの勉強にもなります。「手に取るとときめく　ざんねんな　うんこ」という商品を出したら売れる……かもしれませんね（笑）。

クリッピングの現場で「キーワード」が出ないとき、どう対処しているのか？

ここまでは、読書をしていて〝本命のキーワード〟の情報がとれないときに、**「著者がオススメのキーワードに乗っかってみる」「頭の中に抱えている潜在的なキーワードと結びつける」「新たに気になったキーワードを追加する」**という対処法を紹介してきました。

クリッピング調査の現場でも、クライアントから依頼されたキーワードが、新聞にも雑誌にもまったく載っていないということがあります。第2章で「安室奈美恵さんの引退」と「Heruの発表会」の日にちが重なって、新製品の記事が載らなかったという事例を挙げました。ビッグニュースと重なって掲載されないのはまだ仕方がないのですが、〝素〟で載らない場合もあります。

人間は誰しも、自分のことは過大評価してしまうもの。「うちの会社が新製品を発表したんだから、きっと大きな記事になるはずだ」と思うものですが、ネットと違って新聞はあらかじめスペースが決まっているため、ニュース性や社会的な価値がなければ掲載を見送られてしまいます。

キーワードが含まれる記事が全然見つからない。調査料金は払わなければならない。クライアントとしては、このまま泣き寝入りするわけにはいきませんよね。そこで相談をして、キーワードの変更を行ないます。これは決して、珍しいことではありません。

キーワードの変更方法は2つあります。

1つ目は、キーワードをより露出が見込まれるまったく別のものに変えてしまう。そして、もう1つは「テーマ調査」に切り替える。このテーマ調査というのが、実は読書にも応用することができて、すごく有益なのです。

次の第5章では、「テーマ調査」とはいったいどういうサービスなのか、キーワード調査との違い、具体的な読書への取り入れ方について詳しく説明していきます。

第5章

読書でさらに情報を吸収する秘策

2種類のアンテナを縦横無尽に張り巡らせる

何度もお伝えしていますように、クリッピング会社は、クライアントが欲しい情報に含まれる「キーワード」で注文を受けます。これは**「キーワード調査」**というものですが、実はもう1つ、**「テーマ調査」**というサービスも行なっています。

キーワード調査は、ピンポイントで欲しい情報をとりにいくのに対して、テーマ調査は「〇〇〇に関する記事」というように、**そのキーワードが属する「業界全体の動向」を調べる**ようなイメージです。

「メジャーリーグではどんな選手が活躍しているのか」「今はどんなアイドルが人気なのか」「全国各地のゆるキャラはどんな活動をしているのか」など、テーマ調査で集めた情報が、結果的に「大谷翔平」「AKB48」「くまモン」の役に立つ。本命のキーワードの花を咲かせるための、〝肥料〟のような役割を果たすのがテーマ調査です。

プロの調査員は新聞や雑誌を読みながら、「キーワード調査」と「テーマ調査」の

キーワード調査	テーマ調査
大谷翔平	メジャーリーグに関する記事
AKB48	アイドルに関する記事
くまモン	ゆるキャラに関する記事
自分株式会社	？？？

2つを同時に行なっていますので、読書でも同じことができるんです。

そこであなたにも、**欲しい情報である本命の「キーワード」**と、**今後の自分自身の成長につながるような「テーマ」**。

この両方を頭に入れて、本を読むことにチャレンジしてもらいたいのです。

「キーワード」と「テーマ」。2種類のアンテナを縦横無尽に張り巡らせると、1冊の本から本当にたくさんの情報をとれるようになります。もし「キーワード」が思うように見つからなくても、「テーマ」で挽回すれば、読み終わったあとに一定の満足感を得ることができます。最初は難しく感じるかもしれませんが、ここはぜひついてきてください。

では今から、読書をする際にオススメのテーマを5つ挙げてみます。これらに該当するフレーズを集めると、「自分株式会社」がどんどん成長していきますよ！

初めて知った知識を吸収する——テーマ①

プロの調査員は、新聞と雑誌を読んで、クライアントから依頼された記事を探します。そして、「誰が何の媒体を読むか」はすべて上司が決めます。

小さな子供がいる人はベビー雑誌、趣味でマラソンをしている人はランニング雑誌というように、多少は家庭環境や個人の趣味も考慮してもらえるのですが、時にはまったく興味がないジャンルの媒体が割り振られることもあります。

たとえば、私は「電車は通勤で使う乗り物」としか思っていないのに、「鉄道マニア向け」の雑誌の調査を担当しています。プライベートで手に取ることは絶対にない。でも「仕事だから」と割り切って読み進めると、新しくできる駅の情報、ローカル線の事情、全国で人気のあるラッピング電車など、自分の中でどんどん新しい知識が増える。これがけっこう楽しかったりするんですよね。

『フォレスタ』アプリで、才能診断

- あなたはどんなタイプですか？
- あなたの才能は？
- あなたのスキルは？
- あなたの未来を切り開くために「今」必要な能力は？

『フォレスタ』アプリは、その質問に瞬時に答えます。

たった4つの質問に答えるだけ！

それだけで、あなたの才能を分析し、
あなたの能力を伸ばすコンテンツが簡単にわかります。

たった4つの質問に答えるだけ！

それだけで、あなたが気づいていない能力を開花させ、
あなたの未来の可能性を広げるオススメコンテンツをズバリ提案します。

sample1

sample2

sample3

まずはアプリをインストールして無料で動画を見る

QRコードはコチラ

Google Play

QRコードはコチラ

App Store

フォレスタ

人生のスキルを
全方位にカバーする
『フォレスタ』アプリ

新規コンテンツを毎月公開中！

人気の著者・専門家が
大集結！
カリスマの知識が
学び放題

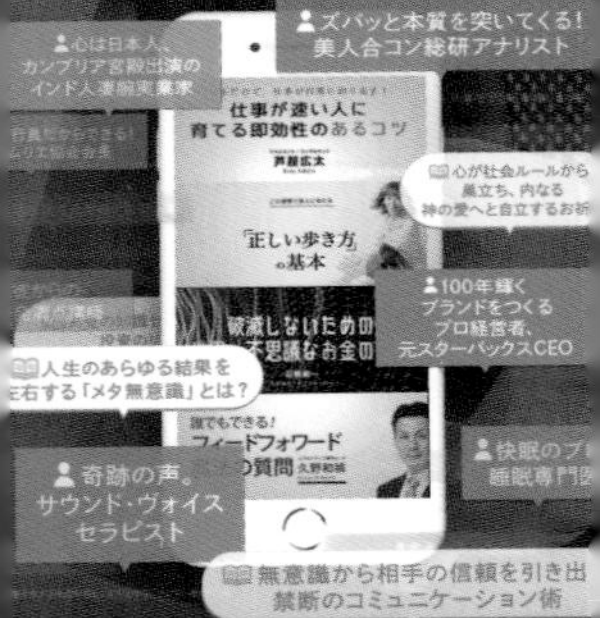

フォレスタとは、
ベストセラー著者や
一流の専門家、文化人など
業界の第一線やトップで活躍する
プロのレクチャーが
直接学べる見放題の
アプリ配信サービスです。

アプリのダウンロードは
次ページから！

りますが、その本を読む目的です。

本を読むことの楽しさも、「知らなかった世界を知れる」ということに尽きると思うのです。その道の専門家が出した本には、自分の知らないことがたくさん書いてあります。

だから、本を読むときのテーマとしては、まず「初めて知った知識」が書いてあるフレーズに注目してみてください。以下に、事例を4つ挙げてみます。

①「粉末と液体の洗剤では、粉末の方が洗浄力が高い」(『洗濯王子に教わるおうちで快適クリーニング!』中村祐一)

②「露天風呂で『足下が滑りやすいのでご注意ください』という張り紙や立札を目にしますが、私に言わせれば、あれも掃除を怠けている証拠です」(『一度は泊まってみたい癒しの温泉宿』松田忠徳)

③「美容院が1カ月の中で一番混むのは、給料が入った後の月末」(『モノが少ないと快適に働ける』土橋正)

④「(大相撲は)基本的に給料が出るのは、この幕内と十両だけで、幕下以下には給料は出ない」(『半分売れ残るケーキ屋がなぜ儲かるのか』柴山政行)

恥ずかしながら、私はこれらの本を読むまでは、①洗浄力が低い「液体」の洗剤を使っていましたし、②「足下が滑りやすいのでご注意ください」は、わざわざ注意喚起してくれて親切な宿だなぁと思っていました。③美容院が混雑する日と、④力士の給料に関しては、そもそも深く考えたことすらなかったような気がします。

このように、読書によって知識が増えるとちょっと自信がつきます。「知識が身を守る」と言うように、世の中には知らないと損をすることがたくさんあります。賢く生きるためには、物事のウラ側を見抜くことも大切ですね。

さて、ここで4冊の本のタイトルに注目してください。

①『洗濯王子に教わるおうちで快適クリーニング!』↓洗剤

②『一度は泊まってみたい癒しの温泉宿』↓露天風呂

①「洗濯王子」の本から洗剤の知識、②「温泉宿」の本から露天風呂の知識が得られるというのは、まあ予想の範疇《はんちゅう》だと思います。でも、③と④はどうでしょうか。

③『モノが少ないと快適に働ける』→美容院
④『半分売れ残るケーキ屋がなぜ儲かるのか』→大相撲

「モノが少ない＝ミニマリスト」の本から美容院が混雑する日を、「ケーキ屋」の本から大相撲の力士の給料を知ることになるなんて、夢にも思わないですよね。

「まさかこの本からこんな知識を得られるなんて！」は、読書の醍醐味の1つです。「本のタイトル」と「仕入れた知識」のギャップが大きければ大きいほど、思わぬ副産物をゲットしたみたいで得した気分になります。そして、あなたはまさに今、その醍醐味を味わっているのではないでしょうか。だって、「読書」の本を読んで、洗剤や露天風呂、美容院や大相撲の知識を学べるなんて、夢にも思わなかったでしょう！

専門分野とかけ離れたところから事例やデータを持ってこれるというのは、著者がそれだけ博識ということ。専門家だけど、決して専門バカではない。私はそういう著者は「他の作品もぜひ読んでみたい」と思うので、自分の中の**「ホワイトリスト＝読みたい著者リスト」**に入れるようにしています。（※「ブラックリスト」については

のちほど説明します）

昨日よりも今日、1日多く生きても、自分の成長はなかなか実感できないものですが、**「初めて知った知識に該当するフレーズを見つけた＝着実に自分が1つレベルアップした」という証**になります。他には、**初めて知った「慣用句」「ことわざ」「四字熟語」**なども見落とさないように、どんどん吸収していきましょう。

今すぐ真似できそうな著者の行動を吸収する——テーマ②

何度もお伝えしていますが、ビジネス書は自分の「良くないところ」や「うまくできないこと」を変えたいと思って読むもの。「A→B」に変化するためには、本を読んだあとに何か1つでも「現実の行動」を変えないといけません。SAYやTHINKだけではダメ、大事なのはDOです。

そこで、ビジネス書を読むときは、**「精神論」ではなく「行動」が書いてあるフレーズに注目**してみてください。と言っても、著者とあなたは社会的な地位・年収・ライフスタイルが違いますから、すべてを真似しようとするには無理があります。

たとえば、

「満員電車が嫌いなので、毎日タクシーで通勤しています」

「新幹線はいつもグリーン車です」

「飛行機は必ずファーストクラスに乗ります」

などと書いてあったら、私は正直こう思います。「そりゃ、あなたはできるかもしれないけどね」と。自分もやれるものならやりたいのですが、現時点ではそれができる立場ではない。この「冴えない現実」や「低空飛行の人生」を少しでも変えたいから、本を読んで一生懸命勉強しているわけです。

でも、「この人とは世界が違う」と早々にページを閉じる……のはもったいない！

「総論反対、各論賛成」という言葉がありますが、ほとんどは別世界の話だったとしても、1冊の本をよく読めば、少しくらいは**「今の自分にもできそうなこと」「自分の人生に取り入れられそうなこと」**も書いてあるものです。それを目ざとく見つけて、実行しましょう。

たとえば、堀江貴文さんの『多動力』に書かれていた行動パターンだと、

「経費や交通費の精算を自分でやらない」

「大事な会議でスマホをいじる」

これらを今の私の職場環境に当てはめて考えたとき、ちょっとできないなぁ……と思うわけです。現実問題として、経費精算を代わりに頼めるような人はいませんし、会議でスマホをいじっていたら上司にキレられそうです。これらはホリエモンだからできることだし、許されること。

でも、

「電話に出ないキャラになる」

「最低でも1日6時間は必ず寝る」

これならどうでしょうか。仕事でどうしても必要な電話以外は出ないようにして、早く寝ればいいだけの話なので、自分にもできるような気がしませんか?

「残業しないキャラになる」「飲み会に参加しないキャラになる」「空気が読めないキャラになる」……。「○○のキャラになる」というのは、ビジネス書でよく出てくるフレーズです。

少し余談になりますが、女優の小泉今日子さんは仕事が忙しかった10代のころ、人と話をするのが億劫《おっくう》で、声をかけられないようにするために、楽屋にいるときや移動中はいつも本を読んでいたそうです。また、2013年に亡くなられた歌手の藤圭子さん（宇多田ヒカルさんのお母さん）は、声をセーブするために全盛期はほとんど人としゃべらなかったとのこと。（『小泉今日子書評集』小泉今日子、『流星ひとつ』沢木耕太郎より）

それぞれ、「読書家キャラ」「無口なキャラ」というのは、本当の自分ではなかったのかもしれません。でも、「疲れているから人に話しかけられたくない」「人と話す声があるなら歌う声に残したい」という望みを叶えるために、あえてそういうキャラを演じていたのでしょう。

そして、堀江さんも「他人に時間を奪われたくない」から、「電話に出んわ」というキャラを貫いています。**自分の身を守るために、〇〇〇のキャラになりきる。**このような自己防衛の手法は、私たちの人生のさまざまな局面でも取り入れていきたいですね。

話を戻しますが、元日本マイクロソフト社長・成毛眞さんの『成毛流「接待」の教科書』では、野村證券創業者の7000坪もの広さを誇る別荘の話や、京都・祇園町の「一見さんお断り」の御茶屋の話が出てきます。このような敷居の高い場所を紹介されても、私たちが接待に使うことはほぼないでしょう。

でもよく読むと、「デニーズのステーキはとてもおいしい」「デニーズのステーキランチに誘えばいい」という記述もあるのです。デニーズなら行こうと思えば行けますよね。安くておいしいファミレスは、庶民の味方です。私はこの本を読んだ直後に「たっぷり野菜のラムステーキ」を食べてきましたが、とてもおいしかったです。

このような**「身の丈に合ったフレーズ」**を見つけ出して、自分の血肉にしていきましょう。

この3点セットの行動を徹底的に真似る

もう1冊、読書に関する本で「今すぐ真似できそうな著者の行動」の事例を挙げてみます。池上彰さんと佐藤優さんの『僕らが毎日やっている最強の読み方』に書かれていた行動パターンだと、

「新聞を毎日11紙読む」

「1日4時間、インプットの時間を確保する」

これらはあまりにもすごすぎて、とてもとても真似できない（お金も時間も全然足りない！）のですが、

「まずは1日1時間のネット断ちから始める」

これならできますよね。なぜなら、今から1時間、パソコンとスマホの電源を切ればいいだけのことだからです。

著者の行動で真似すべきなのは、「今すぐ」「自分の心がけ次第で」「お金をかけずにできるものです。どんな小さなことや簡単なことでもかまいません。この3点セットが揃っているものを、どんどん行動に移していきましょう。

3点セットをよりイメージしやすくするために、たとえばどんなものがあるか、私が見つけ出したフレーズを5つ紹介します。

①「〝乗り換え案内〟で調べたら、スクリーンショットを撮っておく」（『時短術大全』生産性改善会議）

②「ケータイに思いついたことをメモする」（『IDEA HACKS!』原尻淳一）

③「スケジュールは休みからつけていく」（『汗をかかずにトップを奪え！「ドラゴン桜」流ビジネス突破塾』三田紀房）

④「急な空き時間のために、必ず本を持って歩くようにする」（『頭のいい人の時間攻略法』米山公啓）

⑤「上司とのカラオケは、懐メロしか歌わない」（『社バイブル』日詰慎一郎）

いずれも「大したことじゃないな」と思われるかもしれません。

でも、その「大したことじゃないこと」を実行していなかったから、①電車の乗り継ぎが覚えられなくて慌てたり、②思いついたアイデアを忘れてしまったり、③スケジュールが仕事で埋め尽くされたり、④待ち合わせの相手が遅れたときに手持ち無沙汰になったり、⑤上司が知らない最新の曲を歌って場をしらけさせたり、という失敗をしてきたわけです。

自分に大きな変化をもたらすのは、いつだって小さな行動の積み重ねです。3点セットが揃っているフレーズを見つけ出すこと。そして、それを実行に移すこと。これを繰り返せば、「自分株式会社」は確かな成長を遂げていくでしょう。

残念な本に出合ってしまったときの対処法

もし、真似できそうな事例が1つもなかったら……。

考えられる原因は2つあります。

1つは、今はまだあなたがその本を読むタイミングではなかったということ。自分の立場や置かれた状況によって、「真似できる／できない」というのは変わってくるものです。数年後に再読すれば、何か取り入れられることがあるかもしれません。

そしてもう1つは、真似できそうな行動が書いてあるフレーズを見落としたのではなくて、そもそも載っていなかった可能性があるということ。

ビジネス書の中には、「精神論」や「心構え」を語ることに終始して、「行動」に落とし込めていない本もたくさんあります。読み物としてはおもしろくても、自分が変わりたいときに読む本としては物足りない感が否めませんね。

そんな本と遭遇してしまったときは、私は**著者の名前を自分の中の「ブラックリスト」（＝読まない著者リスト）に入れる**ようにしています。先ほどは「ホワイトリスト」でしたが、今度はその逆バージョンです。その著者が新刊を出したときは、どんなにおもしろそうなタイトルだったとしても、絶対に即買いはしません。買うなら書店で中身を吟味してからにします。

Amazonのカスタマーレビューで、「この著者は毎回内容が浅い」と怒っている人がいますが、毎回引っかかっていてはいけません。時間とお金を浪費しないためにも、同じミスは一度で食い止めたいところです。

読書記録として残すデータは、どうしても本の内容に重きを置きがちですが、今日からは著者の「ブラックリスト」の作成にも取り組んでみてください。スティーブ・ジョブズも、「なにをしないのかを決めるのは、なにをするのかを決めるのと同じぐらい大事だ」と言っていました。

時間は有限。世の中に出ている本を、すべて読む時間はありません。1冊でも多く良書を読めるように、悪書を読まないで済むように、日頃から「読みたい著者」と「読まない著者」のデータをコツコツ集めておきましょう。

自分の主張の「お墨付き」をストックする――テーマ③

ビジネス書は、ビジネスに役立つヒントがたくさん書いてありますので、「自分株式会社」以外に「実際に働いている会社」でも取り入れたい行動や考え方があるかもしれません。あなたが社長ならトップダウンで決めることができますが、そうでなければ周囲を説得する必要があります。

そんなときは、ぜひ著者のネームバリューを借りましょう。普段から本を読まない人でも顔と名前が一致するような、「ビッグネーム」の著者ならより好都合です。

会社で提案をするわけですから、ビジネスで結果を出している人がいいですね。日本人なら、稲盛和夫さん、大前研一さん、孫正義さん、堀江貴文さん、三木谷浩史さん、柳井正さん、藤田晋さん。海外だと、ビル・ゲイツ（Microsoft）、スティーブ・ジョブズ（Apple）、マーク・ザッカーバーグ（Facebook）、ジェフ・ベゾス（Amazon）……。

錚々たる**「ビッグネーム」の方々の名前をお借りして、自分の主張に〝お墨付き〟をもらいましょう。**世の中のほとんどの人はフォロワーなので、「実績がある人」の声は強いのです。

先ほど、著者の「ブラックリスト」の話で、「スティーブ・ジョブズも、『なにをしないのかを決めるのは、なにをするのかを決めるのと同じぐらい大事だ』と言っていました」という文章があったと思います。あなたはこれを読んで、「なるほど」「それは確かに大事だな」と思いませんでしたか？

これは、ジョブズ公認の自叙伝『スティーブ・ジョブズⅡ』（ウォルター・アイザックソン）から引用したフレーズです。もしこれが「私の幼馴染のスティーブくんが言っていました」だったら、「誰やねん！」「知らんわ！」とツッコまれると思いますが、「あのApple創設者のスティーブ・ジョブズが言っていた」から主張に説得力が伴うんですよね。

（※『スティーブ・ジョブズⅠ』『スティーブ・ジョブズⅡ』＝全2巻、合計約900ページとかなりのボリュームですが、ジョブズの「人となり」や「考え方」がよくわかります。Appleが好きな方はぜひ読んでみてください！）

たとえば、あなたが離職率が高くて、求人広告の常連のような会社で働いているとします。毎日のように、採用活動や新人研修に時間をとられてうんざりしている。でも上司に、「社員を大切にしない会社に未来はないと思います」とストレートに物申すと、反感を買ってしまうでしょう。

そんなときは、

「社員を新たに採用するのにかけるコストよりも、長く働いてもらうためにお金を使ったほうが安くて効果的」（『起業家』藤田晋）

という、サイバーエージェント・藤田社長の的を射た意見を拝借するのです。「私はこう思います」と自分を全面的に出すのではなく、「あの有名な藤田晋さんがこのような考え方をされています」と、あくまでも**〝情報の仲介者〟のような立ち位置をとる**のがポイントです。ツイッターで賛同する意見を「リツイート」するのと同じような感覚ですね。

会社という組織は、**同じ言葉でも「誰が言っているか」によって周囲の反応が変わってくる**ものです。上司に嫌われている部下の意見は聞き入れてもらえないのに、お気に入りの部下が同じことを言えばすんなり話が通る。このような不条理な出来事は、よくあることですよね。

「言葉が相手に響く自分」であればいいのですが、残念ながら今はまだそうではない。

でも提案したいことがあって、会社の役に立ちそうな気がする。そんなときは、**ネームバリューのある著者のフレーズに代弁してもらう**のが一番です。自分には影響力がないと悲観するのではなく、すでに持っている人から拝借する。せっかく本を読んだのですから、利用できるものは遠慮なく利用しましょう。

ビッグネームの本は、「自慢話が多い」「上から目線で言いたい放題」などと揶揄《やゆ》されることもありますが、**自分の主張の「権威付け」や「お墨付き」としてはこれ以上最適なものはありません**。ここは割り切って読んでみてください。

絶妙な比喩表現、言われたらうれしいセリフを吸収する――テーマ④

本書はビジネス書ですが、中には「ビジネス書も小説も読む」という方もいらっしゃると思います。小説はキーワードを探しながら読むものではありませんが、「テーマ」に該当するフレーズを探すことはできます。小説を読むときにオススメのテーマは2つ、「絶妙な比喩表現」と「言われたらうれしいセリフ」です。

日常の何気ない会話の中で、「たとえ話がうまい人」は頭が良く見えますし、「気の利いたセリフが言える人」は好感が持てますよね。できればそういう人間になりたいという願望は、誰もが持っているのではないでしょうか。

小説には、センスの良い比喩やセリフがたくさん散りばめられています。それらを目ざとく見つけて取り入れることで、「自分株式会社」の株をグーンと上げていきましょう。

①絶妙な比喩表現

「こういうトラブルが起きたときに、上司の能力がわかるよね。傾斜のきついコースに行って、はじめてスキーの上手さが分かるのと一緒で」（『魔王』伊坂幸太郎）

「狭いところでぐつぐつぐつぐつ煮詰まってさ、部長だ課長だ役員だなんて言ったって、しょせん鍋の中で昆布とちくわが、どっちが偉いかなんて言い合ってるようなもんだ」（『神様からひと言』荻原浩）

基本的に、読んでいて「うまいこと言うなぁ」と感心したフレーズを収集すればいいのですが、その中でも「上司」「部長」といった言葉が入っているものは、実際に職場でアレンジして使える可能性が高いです。例文はどちらも比喩が上手なので、説得力があるでしょう。

やっぱり、物は言いようなんです。でも、急にうまいことを言えるようにはならないので、普段から「絶妙な比喩表現」を集めた「ネタ帳」のようなものをつくっておきたいですね。村上春樹さんの小説の中には、

「原因のない結果はない。卵を割らないオムレツがないのと同じように」（『騎士団長殺し 第1部 顕れるイデア編』より）

「誰が見ても不健全な徴候です。蛸が自分の足を食べて生き延びているようなものです」（『騎士団長殺し 第2部 遷ろうメタファー編』より）

など、キレキレの比喩がたくさん出てきますので、アンテナを立てて見つけ出す練習をしてみてください。

②言われたらうれしいセリフ

Facebookを開くと、「今日は〇〇さんの誕生日です。お祝いメッセージを送ろう！」という通知が出てくることがありますよね。あなたは毎回どうしていますか？　誕生日を迎えた人との関係性にもよると思いますが、「お誕生日おめでとう。良い1年になりますように」といった、当たり障りのない文章で済ませている人も多いのではないでしょうか。

当日にメッセージを送ることに価値があるのかもしれませんが、定型文や決まりきった文言でお祝いされても、あまりうれしくないと思うのです。その人の「心の内側」から出ている言葉ではないし、「ラクをしたい」という気持ちが透けて見えるでしょう。

そこで、どうせメッセージを送るなら、「ちょっと個性を出したい」とか「インパクトを与えたい」と思ったりするのですが、その人に合ったメッセージをいちいち考えるのも面倒くさい。どうしたらいいものか……と悩んでいるときに、たまたま読んでいた小説の中から、こんなフレーズが目に飛び込んできました。

「誕生日っていうのは、あなたがこの世界に誕生したこと、今、元気で生きていることを喜ぶためにある記念日ですよ。もうそんなおめでたい歳じゃないからとか、誕生日がくるのがイヤだとかそんなの絶対おかしいですよ。むしろ逆です。歳をとればとるだけ、めでたいことなんだ。素晴らしいことなんです。23の誕生日より46の誕生日のほうが、倍、素晴らしいし、おめでたいんですよ。そうでしょう？　胸張ってくださいよ」（『最後から二番目の恋』岡田惠和）

これはフジテレビで放送されていたドラマ「最後から二番目の恋」のノベライズ本です。ドラマの中で46歳の誕生日を迎えた（という設定の）小泉今日子さんに対して、中井貴一さんがかけた言葉なのですが、実にすてきなセリフだと思いませんか？　もし自分が言われたら絶対にうれしいし、友達が言われてもうれしいかもしれない。

そこで、この中井さんのセリフを拝借したバースデーメッセージを、年齢の数字の部分だけをアレンジして、本当に大切な自分の中の一軍の友達に送ってみたんです。

すると、「なんてすてきなメッセージ」「心に響いた」などと、みんな揃って大感激！　返信メールも定型文ではなく、自分の言葉で書かれたものが送られてきました。これはきっと、気持ちが伝わったからでしょう。

小説の中にはさまざまなシーンが登場します。それらは決して小説の中だけの話ではなく、私たちの日常でも同じような場面に遭遇することがあります。誰だって誕生日を迎えるし、時には喧嘩もするし、冠婚葬祭に出席することもある。

日々のコミュニケーションは会話でするもの。だから、**読んでいて「こんなことを言われたらうれしいな」と思ったセリフは、実生活でも活用できる**のです。

「長い人生には晴れの日ばかりではないし、嵐の夜だってある。ただし、やまない雨はない。いつかは空だって晴れる」（『家日和』奥田英朗）

「あなたみたいな女の子は、きっとこれからいっぱい損をするわ。だけど、見ている人も絶対いるから。あなたのことをカッコいいと思う人もいっぱいいるから」

（『阪急電車』有川浩）

物事がうまくいかなくて落ち込んでいる人や、孤独を感じている人に、こんな優しい言葉をかけてあげられたらすてきだと思いませんか？　プロの作家の知恵を拝借して、**自分なりにアレンジして、タイミングを見計らって披露すれば、大切な友達を元気づけたり、励ましたり、喜ばせることができる**のです。

小説は、あくまでも娯楽です。「情報をとる」なんて考えないで、単なる読み物として楽しく読みたい、作品の世界観にどっぷり浸りたい、犯人の推理に集中したい、という人はそれで全然構わないと思います。

でも、**「絶妙な比喩表現」と「言われたらうれしいセリフ」という2つのテーマを頭に入れて読むことで、「小説＝消費」ではなく、何％かを投資にすることができます**。この考え方は覚えておいて損はないでしょう。

自分の「心の声」が言語化されているフレーズを吸収する――テーマ⑤

これまでに紹介してきた4つのテーマは、いずれも「読書を自分の成長につなげる」という目的がありました。ビジネス書は「A→B」に変化するために読むものですから、自分の変化につながるようなフレーズにアンテナを立てることは、とても理にかなっています。

人として、より高みを目指すのはもちろんすばらしいこと。でも、「A→B」の過程にいる今のあなただって、十分にすばらしいと思うのです。頑張ることも大切ですが、同じくらい「頑張っている自分の心のケア」をすることも大切です。

というわけで、最後の5つ目は、今までの4つとは少し毛色が違うテーマを紹介します。

突然ですが、池袋の東急ハンズ8階に「ねこぶくろ」という猫と一緒に遊べるスペースがあるのをご存じでしょうか。ここは飲食禁止なので「猫カフェ」ではなくて、純粋に猫を見たり、触れ合ったりして遊ぶところです。私はいつも仕事で活字ばかり見ているので、たまには猫を見て癒やされたいと思い、入場料700円を払って中に入りました。

ところが、約20匹の猫ちゃんたちはおもてなしの「お」の字もなし。「客には興味ないわ」という感じで、みんなキャットタワーやキャットウォークで思い思いに過ごしていました。その様子を見ながら、「猫は自由気ままでいいなぁ」「人間は疲れた」

「もう仕事のこととか考えたくない」「生まれ変わったら猫になりたい」「丸くなって一日中寝ていたい」……なんてことを口には出しませんでしたが、心の中で密かに思っていたのです。

そしてその日の夜、佐藤多佳子さんの『明るい夜に出かけて』という小説を読んでいると、次のようなフレーズが目に飛び込んできました。

「俺は人間をやりたくないよ。猫にでもなって、冷たいタイルの床の上で丸まって寝てたいよ。ほかのヤツのこととか、あれこれ考えたくない。疲れるから」

もうビックリしました。これは私の心の声！　著者の佐藤さんは、なんでこんなにも私の気持ちがわかるんだろう、と。サッカーの本田圭佑選手がかつてACミランに移籍を決めた理由を聞かれて、「心の中の〝リトル本田〟に聞いた」と答えていましたが、まさに〝リトル村上〟の声がそのまま音声入力されて、登場人物のセリフになっていたのです。

小さい子供って、思ったことをそのまま口にしますよね。スポーツ選手への質問も、

「彼氏はいますか？」「彼女はいますか？」などと、マスコミが躊躇するような内容でもズバズバ聞いてくるでしょう。

でも、大人になるにつれて、まわりによく思われたいとか、自分を受け入れてもらうために、〝心の声〟を口に出せずに溜め込んでしまうことが多くなる。部活でも、心の中では「負けろ」と思っているのに、ベンチで「ファイト！」と叫んでいたりするでしょう。会社でも、新人が「わたし、定時で帰ります」とはなかなか言えないですよね。

だからこそ、本を読んでいるときに、自分の「心の声」が言語化されているフレーズを見つけるとうれしくなりませんか？

心の中でボンヤリと抱いている気持ちや、言葉にできないけれど確かに存在している感情。それらが文字になっている箇所を、あなたにはコツコツ収集してもらいたいのです。なぜなら、心が満たされるから――。

あの日、「ねこぶくろ」をあとにしたとき、「大の大人で〝猫になりたい〟と思っているのなんて自分ぐらいだろうな……」と悶々《もんもん》としていました。それが『明るい夜に出かけて』を読んで、あのフレーズに出会ったことで、「自分以外にも〝猫になりたなんだ、こんなふうに思っても良かったんだ」と、なんだかすごく安心したというか、救われたような気持ちになったのです。

あなたの〝心の声〟に著者から「いいね」をもらえる

本の中には、口に出せないあなたの〝心の声〟に寄り添ってくれるような、優しくて温かい文章がたくさん眠っています。自分の中で、

・まともじゃないと思っていること。
・こんなんじゃダメだと思っていること。
・うまくできなくて気にしていること。
・ちょっとおかしいんじゃないかと思っていること。
・恥ずかしくて絶対に人には言えないと思っていること。

これらが文字になっている箇所を見つけると、「自分だけじゃないんだ」「こんな自分でも良かったんだ」と背中を押されたような気分になります。自分が密かに抱えている〝闇〟を、肯定してもらえることがどれだけうれしいか。

つまり、**自分の〝心の声〟が言語化されているフレーズを1つ見つけるというのは、著者から「いいね」を1つもらうのと同じ**なんです。

「あたし、人づきあいが得意じゃないんだよね。一人の方が気楽。それに、外に出るのって、好きじゃない。疲れるし、お金かかるし」（『素敵な日本人』東野圭吾）

「旅はどうしても億劫。常と異なる、というのは苦手なのだ」（『赤い長靴』江國香織）

一人で過ごす時間&家が好きな私は、東野圭吾さんと江國香織さんからとびきりうれしい「いいね」をいただきました。休日になると、親しい仲間で集まって花見やバーベキューをしたり、「ウェーイ！」「フォーイ！」と大騒ぎするパーティーピープルがいる中、自分は内向的な上に出不精。一番ホッとするのは玄関の鍵を開けているとき。でも、2人の直木賞作家が、「気持ちわかるよ」「そんなあなたでいいんだよ」と言ってくれているのです。

SNS全盛期の今、「いいね」をたくさんもらおうと、自分を偽った「リア充アピール」をしたり、「インスタ映え」する写真を撮ることに必死になっている人がいます。でも、そんなに無理をしなくても、**アンテナの感度を磨いて、他人が書いた文章の中に自分の〝心の声〟を見つければ、承認欲求は自力で満たすことができる。**「いいね」は自分でいくらでも増やせるんです。

コントロールできない他人のリアクションに一喜一憂することもなく、誰かに精神的な負担をかけるわけでもなく、すべてが自己完結。これは「最も健全な承認欲求の満たし方」と言ってもいいのではないでしょうか。

「抜き書き」という圧倒的な人生の味方をつくる

私はこれまでに3500冊以上の本を読んで、自分のキーワードやテーマに合致したフレーズを、合計で「3万以上」も抜き書きしてきました。それらを本書の出版が決まる前に、1年ぐらいかけて全部見直してみたのです。

たとえば、ファッションが大好きな人がショッピングに行って、お店で気に入った服を片っ端から爆買いしたとします。それを何度も繰り返して、ある日、ふとクローゼットを開けてみると、中には白と黒の服しかなかった。そこで初めて気づくわけです。「自分はモノトーンが好きなんだ」と。

本の抜き書きも同じで、3万フレーズをじっくり俯瞰して見たことで、初めて自分の傾向がわかりました。なんと、この「自分の心の声が言語化されているフレーズ」が半数以上を占めていたんです。

私のこれまでの人生は、「認められたいのに認められない」ことばかりでした。本をたくさん読むので、周囲から〝意識高い系〟と小バカにされたり、冷ややかな目で見られることも多く、でもそういう人たちを黙らせるような〝圧倒的な実力〟を持ち合わせていませんでした。そんな自分にあったのは、仕事で培った「めちゃくちゃ感度の高いアンテナ」のみ。

だからきっと、読書で「自分を認めてくれるような文章」をたくさん集めることで、心を満たしてきたんだと思います。「このアンテナがあったから、ここまで生きてこられた」と言い換えてもいいかもしれません。

以前、テレビ東京の「家、ついて行ってイイですか?」という番組に、ディズニーランドが大好きという人が出ていて、次のように言っていました。

「人間社会は陰口を言われたり、約束を破られたり、とにかく生きづらい。でも、ミッキーはドタキャンしないし、バカとか言わないし、全部を包み込んでくれる感じがするから好きなんです」

本もミッキーマウスと同じです。そばにいて守ってくれて、いつでも寄り添ってくれる。絶対に裏切らないし、牙を剥くこともありません。**心の拠り所として、辛いときに支えてくれる圧倒的な味方**です。「友達がいないから本が友達です」と自虐《じぎゃく》的に言ったりしますが、本ほどすてきな友達なんていないと思います。

・自分の気持ちなんて、誰にも理解してもらえないと思っている人。
・誰からも必要とされていないように感じている人。

・どこにも居場所がない人。
・人から期待されている自分になれない人。
・将来の夢もやりたいことも何も見つからない人。
・自分が世の中からいなくなっても誰も悲しまないと思っている人。
・会社の出世コースから外されてしまった人。
・反逆者として虐げられている人。
・就職活動でお祈りメールをいっぱいもらっている人。
・王道ではなくいつも隙間で生きている人。
・道の真ん中を真っ直ぐ歩けずに側溝の溝にハマっている人。
・アイデアを鼻で笑われている人。
・好意を持った相手に一度も受け入れられたことがない人。
・飲み会に行っても誰からも話しかけられずに置き物状態になっている人。
・友達の誕生日には必ずメールを送っているのに自分の誕生日には誰からもメールがこない人。
・学校の同級生や会社の同僚とまったく話が合わない人。

・世の中に自分の味方なんて一人もいないと思っている人。
・今までの人生で人に自慢できるようなことは何一つ成し遂げていない人。
・周囲の人が当たり前のようにできることが当たり前にできない人。
・自分のことを社会不適合者だと思っている人。
・みんなの輪の中にうまく入れないタイプの人。
・集団生活がことごとく苦手な人。
・最も嫌いな四字熟語が「社員旅行」の人。
・人と一緒に過ごすとペースが乱れて疲れてしまう人。
・何者にもなれない自分に強いコンプレックスを感じている人。
・誰にも言えない辛い過去がある人。
・癒えることのない痛みを抱えている人。
・自分に配られた人生のカードが悪すぎてため息をついている人。
・今までに「人生を終わらせたい」と思ったことがある人。
・大人になったらできると思っていたことが何一つできていない人。
・いつもいつも負の感情を抱えている自分にうんざりしている人。

・時代の波に乗り遅れてついていけない人。
・何をやっても中途半端な人。
・自分は地球上で最も底辺の人間だと思っている人。

もしあなたがどれかに該当しているなら、ぜひ本の中から〝心の声〟を見つけ出すアンテナを強化してほしいのです。

人生はたまたま目に留まったその一文で、救われることがあります。毎日を生きるのが少しラクになることがあります。あまりにも自分の深いところをピンポイントに刺激されて、涙が滲《にじ》むことがあります。今のあなたを認めてくれる文章＝「いいね」をたくさん集めることで、どうか心を満たしてください。

さて、ここまで読んできて、「キーワードやテーマを頭に入れて読む」ことに少しは興味を持っていただけたのではないでしょうか。実際にこの読み方をマスターすれば、情報がたくさんとれるようになることは間違いありません。そして、1つのことができるようになると、また新たな課題が現れるのが世の常です。

最後の第6章では、「集めた情報をどのような形で残しておくか」について詳しくお伝えします。

第6章

インスタグラムに読書記録を残そう！

読書で集めた情報を「備忘録」として残す

ここまで一貫して「読書では情報をとることが何よりも大事」だとお伝えしてきましたが、**情報をとることと同じくらい大事なのは「読書記録」をつけること**。集めた情報を備忘録として残しておくことです。

読んだ直後は覚えていても、次の本を読むと情報が上書きされて、前の本が思い出せなくなるのが人間の性。感動や記憶を、永遠にとどめておくことは難しい。だからこそ、**忘れたときにタイトルや内容をあとから検索できる「自分のデータベース」**のようなものがあると安心ですよね。

そこでオススメしたいのが、インスタグラムで読書記録をつけることです。

実際にインスタグラムには、「#本 #読書 #読了 #読書記録 #読書ノート #読書メモ #読書感想文 #本が好き #本が好きな人とつながりたい」「#bookstagram #bookpic #bookphotography #booklover #instabook #reading」など、読書にまつわるハッシュタグがたくさん存在していて、**日本だけでなく、世界中の人々が読書記録として利用**しています。

私もインスタグラムで「読書記録専用」のアカウント（@no_name_booklover）を開設していて、ここにはひたすら読んだ本の情報だけを投稿してきました。このアカウントの運用を通して実感した、インスタグラムの利点を3つ挙げてみます。

インスタグラムで読書記録をつける「3つのメリット」

①スマホの中に本棚をつくれる

まず1つ目は、スマホの中に「本棚」をつくれるということ。現実の本棚と違って場所をとらない上に、持ち運びもできます。書店や図書館に行って、「この本は前に読んだことがあるかも……」と迷ったときは、その場でスマホを取り出してインスタグラムを見て確認すれば、**同じ本を買ったり借りたりすることもなくなる**でしょう。

また、読書記録を投稿する場合、「写真＝本の表紙」になると思いますが、暇なときに自分の過去の投稿を遡ると、**「好きな本のコラージュ」**を見ているみたいで純粋に楽しいのです。部屋にお気に入りの写真（好きな芸能人、風景、ペットなど）を飾ると、それを見るたびにちょっとテンションが上がりませんか？　その「本バージョン」のような感じです。

最近は、表紙がカラフルだったり、見出しや各章のまとめが正方形になっていたり、明らかに「インスタ映え」を意識してつくられた本も出てきました。「読書×インスタグラム」の親和性を、だんだん出版関係者も気づいてきているんですね。

②著者から直でリアクションがある

2つ目は、著者から直でリアクションがあるということ。今はＳＮＳで話題になってナンボ、という「ＳＮＳファースト」の時代。作品の評判を気にして、エゴサーチをしている著者がすごく多いんです。

私は**「著者の名前」を必ずハッシュタグに入れている**のですが、エゴサーチをして辿り着いたと思われるベストセラー作家の方々から、「読んでくださりありがとうございます」「ご感想ありがとうございます」というコメントをいただいたり、海外の

ありますす。

著者から「This is my book. Thank you for sharing!」と英語のメッセージが届いたこともあります。

まさか、自分に向かって著者が声をかけてくるなんて夢にも思わないかもしれませんが、「突然すみません、著者の◯◯です」とご本人から丁寧なお礼をいただくのは、実際によくあることです。

この場合、**いただいたコメントに対して「いいね」を押して終わり、ということは絶対にしません。**著者と交流ができるまたとないチャンスは、最大限に生かさないともったいない！「◯◯さんの著作は今までに◯冊読みました」「この本の中では△△というフレーズが心に響きました」「これからもすてきな書籍を世の中に送り出してください」といった返信をすると、すごく喜んでもらえます。

コメントと比べると、著者本人からの「いいね」はもっと多いです。キングコングの西野亮廣さんは、「キンコン西野本人が、あなたのインスタの投稿に確実に『いいね』を押しにくるキャンペーン」を開催されているように、毎回マメに「いいね」をくれる印象があります。きっと、これも本を売るためのマーケティング、ファンづくりの一環なのでしょう。

ひと昔前までは、本の著者といえば「雲の上の人」「遠い存在」というイメージがあったと思いますが、今はＳＮＳで直接やりとりができるようになりました。一度でもこういうことがあると、その著者との距離感がグッと縮まって、**「過去の作品を全部読もう」「これから新作は必ず買おう」**などと、**新たな読書欲がムクムクと湧いてきます。**

③ユーザーとの交流が励みになる

３つ目は、ユーザーとの交流が励みになるということ。別に人から評価をされたくて読書記録をつけているわけではないのですが、やはり自分の投稿に対してリアクションがあるとうれしいもの。

「いいね」を押してくれたり、わざわざコメントを書き込んでくれたり、フォロワーになってくれる人がいると、本当にうれしくて励みになります。リアルな知り合いではないけれど、そこには**１冊の本を通した「確かな共感」がある。**読了報告をすればするほど、ユーザーからのリアクションも増えていくので、ますます熱心に読書をするようになります。

ちなみに、私のフォロワーは本が好きな人ばかり。読書記録のアカウントをわざわざフォローしてくれるんですから、当然といえば当然かもしれません。ユーザーネームにも「book」「reading」「library」「hon」というスペルが入っている人が多くて、「◯◯さんがあなたをフォローしました」という表示が出るたびに、どんな人なのか気になってアカウントを見に行くと、本の表紙の写真がいっぱい、というのがよくあるパターンです。

「本棚を見れば人柄がわかる」という言葉がありますが、フォロワーの過去投稿を見ると、どんな人なのかがだいたいわかります。「ミステリーが好きなんだな」とか「ミニマリストに憧れているな」とか、本人と面識はなくても、おおよその人柄が想像できる。**「好きな本」がわかるというよりも、「人間そのもの」がわかる**のです。自覚はなくても、「読んだ本の投稿をする＝自分自身の内面を公開する」ようなものなんですね。

本が好きなフォロワーは、人生に前向きな人が多いように思います。プロフィールにも「今年中に◯冊読むのが目標です」「もっと語彙《ごい》力を上げたい」「いろいろな人の人生や知らなかった世界を知りたい」など、意欲的な言葉がたくさん並んでいて、

「人としてのエネルギー」を感じます。

今は中学生や高校生で、読書記録専用のアカウントをつくっている人も多いですね。「通学電車でいつも本を読んでいます」「本を買うためにアルバイトを始めました」「オススメの本を教えてください」と書いてあったりして、「なんて意識が高いんだろう！」とオバちゃん（私）はただただ感心しています。

以上のように、インスタグラムに投稿すれば、便利なことやうれしいこと、励みになることがたくさんあります。これらは**「手書きの読書ノート」では実現できないことばかり。**ぜひあなたも、読書記録をインターネット上で可視化させてみてください。

本の要点をキーワード化して「ハッシュタグ」にする

インスタグラムはビジュアルに特化したＳＮＳですが、写真にテキストを添えることができます。でも、本のレビューがあまり長文なのもいかがなものかと。自分が書くのも面倒くさいですし、他人の投稿を見るときも、何度スクロールしても最後までいかなかったら途中で離脱してしまいそうですよね。

インスタグラムは「目的を持って見る」わけではなく、ちょっとしたスキマ時間に「流し読み」するもの。だから、テキストはわかりやすくシンプルにまとめたほうがいい。そこでオススメなのが、**本の要点をキーワード化して、ハッシュタグにすること**です。

「マンスリー手帳」をイメージしてみてください。1日分のスペースが小さいので、予定を書き込むときは、「○○さんとミスチルコンサート、東京ドーム、18時開演」というように、「誰と、何を、どこで、何時から」など要点だけを書くでしょう。細かい出来事や感情をいちいち長文で書かなくても、要点のキーワードを見れば、その日にどんなことがあったか、あとから思い出せるのではないでしょうか。

読書も同じで、本の要点をハッシュタグにして投稿しておけば、どんなことが書いてあったか思い出せるはず。というわけで、簡単に使い回せる「ハッシュタグのフォーマット」をご紹介します。

＃ 本のタイトル
＃ 著者名
＃ 出版社名
＃ 著者の経歴
＃ 内容の要約（ひと言で言うとどんな本か、よく出てきたキーワード、自分が設定したキーワード、読者ターゲットなど）
＃ 手短な感想
＃ 読書に関連するハッシュタグ

「＃ 本のタイトル」「＃ 著者名」「＃ 出版社名」の3つは必須です。出版社名を書いておくと、その出版社の公式アカウントから「いいね」をもらえることがあります。中には、「とてもすてきにわかりやすくご紹介いただいて光栄です」

「丁寧に書評をお書きいただいて感激です」などとコメントをくれるところも。SNSに力を入れている出版社と、そうでない出版社がよくわかります。

ちなみに、本書の版元であるフォレスト出版からは、今までに「いいね」も「コメント」もたくさんいただきました。どうやら、こまめにエゴサーチをされているようです。これからフォレスト出版の本を読んだときは、ぜひ「#フォレスト出版」とハッシュタグをつけて投稿してみてください。

ハッシュタグをつけるときの注意点

出版社名で個人的に気になっているのが、幻冬舎を「幻冬社」と書いている人があまりにも多いということ。ハッシュタグ「#幻冬社」で検索すると、なんと4000件以上の投稿がヒットします。こんなにも多くの人が、漢字を間違えていることに気づいていない。これは本当にあってはならないミスだと思うんですよね。

たとえば、あなたの会社が幻冬舎と取引があったとして、社長にメールを送るときに、「株式会社幻冬社　見城徹様」と書いた時点でもうアウトでしょう。私が見城さんだったら、このようなケアレスミスをする人とは一緒に仕事をしたくありません。ビジネスメールでもSNSの投稿でも、会社名を間違えるのは失礼極まりない話です。

タイトル・著者・出版社など、その本の「基本的な情報」を間違えて投稿すると、信憑性や説得力が落ちてしまいます。「孔子」の本を読んだのに、ハッシュタグが「#子牛」になっていたら台無しですよね。出版社には「大和書房」と「大和出版」、「日本実業出版社」と「実業之日本社」など、似たような社名がいくつかあります。絶対に間違えないように、投稿前に何度も本を見て確認するようにしてください。

著者の経歴は、「経営コンサルタント」「○○大学教授」「元リクルート」など、プロフィールから目立つものを抜き出せばOKです。「どんな経歴の人が言っていたか」でだいたい内容の見当がつくので、あとから思い出せる確率が高くなります。

内容の要約は、「転職を考えている人へのアドバイス集」「アラサー女性の生き方の指南書」など、「どんな本だったか」をひと言で伝えるようなイメージです。サブタイトルや帯の言葉も大いに参考にします。これがうまく書けないなら、内容の理解がちょっと足りていないのかもしれません。

読者ターゲット（年齢、性別、レベル）を書くと、投稿を見た人が「この本は自分にとって関係があるかどうか」を判断するヒントになります。以前、「#男性向け」と書いたときは、フォロワーから「女性の私が読んでも参考になりますか？」、「#20代後半の女性は必読」と書いたときは「ちょうど年齢が該当していたので気になって読みました」というコメントをいただきました。「自分ごと」として感じる要素があるか、というのは本選びにおいて重要なポイントなんですね。

あとは、「ハウツー本ではない」「ページ下にパラパラ漫画あり」「文体が語り口調」など、**読む前に知っておくと心構えができる情報も、惜しみなく書く**ようにしています。

最後の**「手短な感想」**ですが、ここは遊び心を入れてもいいところです。人間味や心情が出ていたり、クスッと笑えるようなものにする。たとえば、共感することが多かった本は「首がちぎれるくらい頷《うなず》きながら読んだ」、おもしろかった本は「電車で読むのは危険」、感動した本は「全私が泣いた」。このようにユニークなワードセンスを、いかんなく発揮してください。

先ほども説明しましたが、今はエゴサーチをしている著者が多いので、「本当につまらない」「内容がスカスカ」など、**思ったことをそのままストレートに書くと、それを著者本人が目にする可能性があります。**物は言いようですから、「オーソドックスな自己啓発書」（＝オリジナリティがない）、「前半がおもしろかった」（＝後半はネタ切れ気味）、「サクッと読める」（＝全体的に内容が浅い）など、ちょっとオブラートに包んだような、角が立たない表現にしておきましょう。

読書に関連するハッシュタグは、「#本　#読書　#読了　#読書記録　#読書ノート　#読書メモ　#読書感想文　#本が好き　#本が好きな人とつながりたい」など、探せば本当にたくさんあります。海外の本や翻訳本を読んだときは、「#book　#bookstagram　#instabook　#reading」など英語のハッシュタグもつけるといいでしょう。これらを書いておくことで、あなたの投稿が「フォロワーではない読書好きの人」に見てもらえる可能性が高くなります。

ちなみに、私が一人の読者としてこの本を読み終えたとしたら、以下のようなハッシュタグをつけると思います。

#情報吸収力を高めるキーワード読書術　#村上悠子　#フォレスト出版　#情報ク

リッピングマスター　#プロの調査員　#クリッピング　#欲しい情報を漏らさない本の読み方　#キーワードを頭に入れて読む　#nokeywordnoreading　#勉強になった　#読了　#読書記録　#本が好き

これだけ要点を散りばめておけば、時間が経ってもなんとなく内容を思い出せそうな気がしませんか？

本書を読んだあと、インスタグラムに読書記録を投稿しようと思っている方は、ぜひこれをそのまま丸写しorアレンジして使ってみてください。

テキストを書くとき、写真を撮るときに気をつけること

私は要点をまとめたハッシュタグに加えて、**テキストで心に響いたフレーズ（5〜7つくらい）を載せる**ようにしています。「おもしろかった」とか「読んで良かった」という自分の感覚が、そこまで世間一般に当てはめて正しいという自信が持てないの

で、**客観的な事実（=本文の引用）を提示する**ことで、フォロワーに読むかどうかを判断してもらいたいというのが1つ。あとは、**「失いたくない言葉」をデータで残しておきたい**からです。

他の人の読了投稿を見ていると、「本文の引用」なのか「個人的な感想」なのか見分けがつかないものがありますが、これは読み手が混乱して理解が遅くなってしまいます。**カギ括弧を用いるなどして、「どこが引用箇所なのか」をハッキリ示す**ようにしてください。また、対談本や鼎談本のフレーズを引用するときは、「誰の発言なのか」をわかるように書く気遣いがほしいところです。

最後に1つ、本の表紙を写真に撮るときの注意点を。自分が購入した本やKindleは好きなように撮ればいいのですが、**図書館で借りた本は必ず「○○図書館」と書いてあるラベルの部分を隠す**ようにしてください。でないと、あなたの居住地域がバレてしまいます。

私は通勤電車で図書館の本を読んでいる人を見ると、ラベルをチラ見して、「その人がどの駅で降りるかを予想する」というのを密かな趣味にしているのですが、けっこう当たるものです。インスタグラムでも、ラベルが丸見えの状態で投稿している無防備な人がたくさんいます。個人情報が漏洩《ろうえい》しないように、くれぐれも注意してください。

インスタグラムで人気の「読書アカウント」の2つの特徴

フォロワーが1000人以上いるような人気の読書アカウントは、2つの特徴があります。

まず**1つ目の特徴は、本の情報（＝要約）が書いてある**ということ。

たとえば、同じ本の投稿でも、

◎Aさん＝「今からこの本を読みます」という一文のみ。
◎Bさん＝わかりやすい要約＋本文の引用＋要点のまとまったハッシュタグ

どちらか一人に「いいね」を押すとしたら、私は迷うことなくBさんにします。なぜなら、Bさんの投稿には本の情報が書かれているので、自分で調べる手間が省けて助かるから。「いいね」はありがとうの意味を込めてです。

それに対してAさんの投稿は、いったいどんな本なのか、内容がまったくわかりません。単なる個人のライフログ（行動記録）になってしまっています。Aさんが有名人なら、何の本を読んでいるのか気になるかもしれませんが、知らない人なら特に興味はないですよね。投稿を見ても、わざわざ「いいね」を押そうという気にはなりません。

トマ・ピケティの『21世紀の資本』のような分厚い学術書や、ドストエフスキーの『カラマーゾフの兄弟』ような難解な小説に挑むときに、先にSNSで「読みます宣言」をしてあとに引けない状態にする（自分を追い込む）のは全然ありだと思います。でも毎回、「今から読みます」だけだと、「この人は本当に読んでいるのだろうか？」「読書家アピールをしているだけでは？」などと、見ている側が意地の悪いことを考えてしまうのです……。

本書をここまで読んできたあなたは、きっとこれからキーワードやテーマにアンテナが立って、情報をとれるようになります。せっかく情報をとる能力が身についているのに、それを使わないで、投稿が「ライフログ」にとどまってしまうのはあまりにももったいない！

私がフォロワーからもらったコメントで一番うれしかったのは、「今、海外にいるので、日本の書籍を手軽に読むことができません。いつもためになる投稿をありがとうございます」というものでした。おもしろい文章や感動させる文章でなくても、「本の情報」をわかりやすく整理して書けば、遠く離れた海外にいる人の役に立つことだってできるんです。

自分の投稿がこの世界を回り回って、まだ出会ったこともない人の人生に影響を与えることがある。小さくても、確かな喜びを感じずにはいられません。あなたも今後はぜひ、投稿内容を「Aさん」から「Bさん」に変化させてみてください。**自分にとっては「備忘録」となり、他の誰かにとっては「お役立ち情報」となる。そんなWin-Winの投稿**を目指しましょう。

次に、人気がある読書アカウントの**2つ目の特徴は、投稿数が多い**ということ。

人間は、接触頻度が高いものに好意を持つという「ザイオンスの法則」（＝単純接触効果）を地で行っているんです。

毎日のように読了投稿をアップしている人がいて、先ほどのBさんのような投稿内容だったら、「読書の情報源」としてフォローしようと思いませんか？　インスタグラムでフォロワーを増やすためには、「フォローバック狙い」で何千人もフォローするのではなく、**「フォローしたくなるような投稿」の更新頻度を上げる**のが一番です。そうすれば、やがて質の良いフォロワー（私の場合、本が好きな人）が集まるようになります。

インスタグラムに自分が「行ったお店」や「買ったもの」を載せるのは、生活レベルを公開するのと同じです。だから高級店に行ったり、ブランド物を買ったとしても、「金持ちアピール」と思われないように投稿を控える人もいますよね。

その点、本は何の遠慮もいりません。値段もせいぜい１５００円程度ですし、図書館で借りたら無料です。

昔、小栗旬さんと石原さとみさんが出ていた「リッチマン、プアウーマン」というドラマがありましたが、読んだ本の写真をたくさんアップしたところで「リッチマン」とも「プアウーマン」とも思われないでしょう。毎日約３００冊の新刊が出るので、ネタ切れになることもありません。

つまり、**「読書記録」はコンスタントに投稿していくコンテンツとしては最適**なのです。感心されることはあっても、嫉妬されたり軽蔑されることは絶対にありません。読み終えた本は、遠慮しないで投稿しましょう。

他人の投稿を「自分の読みたい本探し」に利用する

インスタグラムは「自分が読んだ本」を記録するだけでなく、「自分が読みたい本」を探すために利用することもできます。

#読了 #読書記録というハッシュタグや、出版社や書店のアカウントを積極的にフォローしましょう。これによって、読み終わった本・発売になった本・入荷した本の情報が入手できるようになります。この**「他人のオススメ」が強制的にタイムラインに流れてくる、というのがすごく大事**なんです。

オススメと言えば、Amazonの「この商品を買った人はこんな商品も買っています」

という欄（＝レコメンド機能）があります。過去の検索履歴や購入履歴をもとにして、関心があると思われる本をすすめてくれるのですが、これらはあくまでも自分の「興味の範疇にある」もの。その分野の知識をさらに〝深める〟ことはできても、人間としての幅を〝広げる〟ことはできません。

映画館に行くと、本編が始まる10分くらい前から、スクリーンにこれから公開される映画の予告が流れますよね。「全米が泣いた」「アカデミー賞最有力候補」「衝撃のラストを見逃すな」。いわば「他人のオススメ」を強制的に見せられているわけですが、これによって知らなかった映画に興味を持ったりするでしょう。

同じように、インスタグラムで「他人のオススメ」を見ると、**それまで興味の範疇に入っていなかった本が目に飛び込んできたり、自分が置かれている状況やそのときの気分にピッタリな本と出会える**ことがあります。映画でも読書でも、こういう「自力では絶対に発掘できなかった作品」が意外と心に響いたりするんですよね。

すてきな偶然に出会ったり、予想外のものを発見することを「セレンディピティ」と言いますが、これを最も実感できる場所は、リアル書店でしょう。

本が好きな人にはわかってもらえると思うのですが、「書店に入る瞬間」ってこれ以上ない幸せを感じませんか？　いろいろな棚をウロウロして、自分が欲している言葉が書かれた本を見つけたり、マニアックな品揃えにニヤニヤしたり、あれもこれも読みたいという気持ちが抑えられずつい散財してしまったり。棚の圧迫感すら、愛しく感じます。

でも、家の近くに書店がない人、忙しくて頻繁に通う時間がとれない人もいますよね。そんなときは、インスタグラムで少しでも「他人のオススメ本」をたくさん見られるようにして、**（量は及びませんが）書店に行くのと同じような環境をつくりましょう**。たまたまタイムラインに流れてきた本との一期一会、どうか大切にしてください。

「投稿時間」ではなく「投稿日」を意識する――上級テクニック

インスタグラムでフォロワーを増やすため、あるいは「いいね」をたくさんもらうために、「見られやすい時間帯」を狙って投稿している人もいるでしょう。具体的には、朝夕の通勤・通学のタイミングや、お昼休みがそれに当たります。

でもこれって、ある程度みんなやっていることだと思うのです。人よりもちょっと深く考えることで、人生は差がつくもの。そこであなたには、**「投稿時間」ではなく「投稿日」をぜひ意識してもらいたい**のです。いったいどういうことか、**6つのパターン**を今から順番に説明します。

タレント本の投稿をするときのポイント——パターン①

私はインスタグラムで、さまざまなジャンルの本を投稿しています。ビジネス書や自己啓発書だけでなく、小説、短編集、エッセイ、ノンフィクションなど、まんべんなく紹介しているのですが、「タレント本」も定期的に投稿しています。でもこれが、けっこう「甘く見られがち」なんですよね。

ビジネス書と比べると、確実に「いいね」の数は少なくなります。「所詮タレント本だろ」「自分で書いていないくせに」という色眼鏡で見られているのかもしれません。でも、中には**「タレント本」と思って侮ってはいけない、とてもよく書けている**

ものもあるのです。いいものはいいし、できるだけたくさんの人に知ってもらいたい。そこで考えたのが、**そのタレントの「誕生日」や「イベント当日」に投稿する**ということです。

ＡＫＢ関係者の本では、高橋みなみさんの『リーダー論』と指原莉乃さんの『逆転力』、この2冊は、リーダーシップやピンチの乗り越え方など、組織の中で働くビジネスパーソンにも役立つ内容でした。そこで、『リーダー論』は高橋さんの誕生日である4月8日に、『逆転力』は指原さんの卒業コンサート当日の4月28日に投稿しました。それぞれハッシュタグは以下のとおりです。

#リーダー論　#高橋みなみ　#講談社　#ＡＫＢ48初代総監督　#グループをまとめる力　#リーダーとしての心得　#今日は4月8日　#たかみな28歳のお誕生日おめでとう

#逆転力　#指原莉乃　#講談社　#ＨＫＴ48　#ＡＫＢ選抜総選挙3連覇　#ピンチを力に変える方法　#本日横浜スタジアムで卒業コンサート　#アイドルさっしー

は今日で見納め

ＡＫＢの熱心なファンの人たちは、４月８日は「高橋みなみ」、４月28日は「指原莉乃」というキーワードに対して、普段よりもアンテナの感度が高くなっています。名前をハッシュタグで検索したりもするでしょう。そこに満を持して、ドンピシャの読書記録を投稿する。だから刺さるんですね。

これによって、プロフィールが「神７の中ではたかみなが一番好き」「さしこ推しです」など、今まで私のアカウントなんて一度も見たことがなかった（であろう）ユーザーが「いいね」を押してくれるようになります。本を読まないファンの人にとっては有意義な情報になるし、「いいね」が増えると私もうれしい。ちょっと投稿日を考えるだけで、お互いがWin-Winになるんです。

だから、タレント本を読んだあとは、必ずWikipediaで著者の誕生日を調べるようにしています。「なんだ、昨日だったのか……」とガッカリすることもありますし、あと数日後だと判明すると、「このタイミングで読んだのは運命だったのでは！」と一気にテンションが上がったりします。

というわけで、私の手帳にはリアルな友達や知り合いの誕生日に加えて、「インスタ投稿用のタレントの誕生日」も書いてあります。なんだか林家ペー・パー子さん（＝多くの芸能人の誕生日を覚えていることで有名）みたいですが、一人でも多くの人に見てもらうためには労を惜しんではいられません。

発表！ 今までに最も「いいね」が多かったタレント本は？

この原稿を書いている時点で、最も「いいね」が多かったタレント本は、南海キャンディーズ・山里亮太さんのエッセイ、『天才はあきらめた』です。さて、これはいったいいつ投稿したと思いますか？

山里さんの誕生日は4月14日。私が読んだのは5月上旬でした。一番ガッカリなパターンです。あと1年はちょっと待てないな、と。でも何もない平場で投稿すると、スルーされることは目に見えている。だから、テキストの下書きを書いた状態でしばらく寝かせていたんです。そんなときに飛び込んできた、女優・蒼井優さんと電撃結婚のビッグニュース！　これは「キター」と思いましたね（笑）。

#天才はあきらめた　#山里亮太　#朝日新聞出版　#お笑い芸人　#南海キャンディーズ　#蒼井優さんと結婚　#本当にビックリした　#トレンド世界1位　#世界の山ちゃん　#しずちゃんがキューピットなのが素敵　#末永くお幸せに

2人の結婚会見が行なわれた翌朝、満を持して投稿したところ、1時間も経たないうちに「300いいね」に到達。きっと、朝のニュースで映像を見て家を出た人が、通勤・通学電車でスマホをいじったところ、実にタイムリーな人の本の情報が流れてきたので「おおお！」と思ったのでしょう。お昼の時点で「500いいね」になり、最終的には「800いいね」を超えました。

#東京百景　#又吉直樹　#ワニブックス　#お笑い芸人　#ピース　#芥川賞受賞前に書かれた自伝的エッセイ　#まだ何者でもなかった時代　#ユーモア溢れる文才が素晴らしい　#今日は6月2日　#又吉さん39歳のお誕生日おめでとう

この4日前、6月2日は又吉直樹さんの誕生日だったので、『東京百景』というエッセイを投稿したところ、「400いいね」でした。これはタレント本としては多いほうで、「やっぱり又吉さんは人気があるんだな」と思っていましたが、まさか芥川賞作家の2倍、ダブルスコアになるとは！　ほんの少し「投稿日」にアンテナを立てるだけで、多くの人に見てもらうことができると実感した出来事でした。

アスリート本の投稿をするときのポイント——パターン②

最近はアスリートが書いた本も多いですよね。これも「誕生日」にぶつけてもいいのですが、私は**「試合当日」の朝に投稿する**ことが多いです。激励を込めて！

サッカー日本代表選手の本は、「もう主力はほぼ全員出しているんじゃないか？」と思うくらい本当にたくさん出ていますが（特にW杯イヤーに量産される傾向あり）、長友佑都選手の『日本男児』はアジアカップ2019の試合当日に投稿しました。

#日本男児　#長友佑都　#ポプラ社　#サッカー日本代表　#サムライブルー　#今夜アジアカップ初戦　#トルクメニスタンと対戦　#2大会ぶりの優勝目指して頑張れ

もちろんサッカーだけではなく、他の競技にもこの方法は使えます。ボクシングの村田諒太選手の本は、WBAタイトルマッチの当日に投稿しました。

#101%のプライド　#村田諒太　#幻冬舎　#ロンドン五輪ボクシングミドル級金メダリスト　#元WBA世界ミドル級王者　#今夜ブラントと再戦　#やられたらやり返せ倍返しだ

スポーツは「筋書きのないドラマ」なので、**結果に左右される翌日よりも、当日に先にアップしてしまうほうが確実**です。それに「昨日こんな試合があったのか」とあとから知るよりも、「今日試合があるんだな」のほうがリマインドにもなっていいでしょう。「投稿日」を意識することで、遠回しに「スポーツの試合の宣伝」もできるのです。

小説も「試合当日」に投稿!?

ちなみに「試合当日に投稿する」という方法は、アスリートの本だけでなく、小説でも使うことができます。小説家にも年に数回、大きな試合があるでしょう。そう、**芥川賞・直木賞・本屋大賞の選考会**ですね。

【例】

・芥川賞&直木賞＝２０１９年12月16日候補作発表→２０２０年１月15日選考会
・本屋大賞＝２０２０年１月21日ノミネート作品発表→２０２０年４月７日大賞発表

いずれも、受賞作が決定する数カ月前にノミネート作品が発表になりますので、その時点で自分なりに目星をつけて、先に読んで準備しておくのです。そして、見事に予想が当たった場合、発表直後に「#◯◯賞受賞おめでとう　#絶対に獲ると思ってた」といったハッシュタグをつけて投稿する。これはかなり注目度が高くなります。

２０１９年の本屋大賞は、瀬尾まいこさんの『そして、バトンは渡された』でしたが、受賞してからしばらくの間、インスタグラムには「シンプルな深緑の背景×オレンジ色のバトン」が表紙の読了投稿であふれていました。決まってから買って読む人はたくさんいるんです。これでは投稿しても、ワンオブゼムになって埋もれてしまいますよね。

その他大勢から抜け出すためには、試合当日の「結果発表直後」に投稿すること。小説が好きな人は、年に数回の「自分プロジェクト」としてぜひ取り組んでみてください。

映画の原作本の投稿をするときのポイント——パターン③

「読んでいる小説がもうすぐ映画化される」という状況ってありますよね。あるいは「映画化されると知って本を買って読んだ」でもかまいません。とにかく、映画化よりも先に原作を読み終わっている場合、**その小説は映画の「公開初日」に投稿する**ようにしています。

たとえば、福山雅治さんと石田ゆり子さんが出演された『マチネの終わりに』は、2019年11月1日、映画の公開初日の朝に〝狙い撃ち〟しました。

#マチネの終わりに　#平野啓一郎　#毎日新聞出版　#切ない大人のラブストーリー　#東京パリニューヨークが舞台　#本日から映画が公開　#福山雅治　#石田ゆり子　#二人を思い浮かべて読みました

「#本日から映画が公開」というハッシュタグを見た人は、きっと「どんな話なの？」「誰が出るの？」と思うでしょう。そこを先回りして、**ネタバレしない範囲で軽くあらすじを書いたり、出演者の名前を入れる**ようにしました。情報が凝縮された投稿は、読者への貢献度が高くなります。

参考までに、これまで事例に挙げたハッシュタグをもう一度よく見てください。高橋みなみさんの年齢、指原さんの卒業コンサートが行なわれる場所、サムライブルーの対戦国、村田選手の対戦相手のボクサーの名前など、細かい固有名詞も全部書いてあるでしょう。痒《かゆ》いところにも手が届いている感じがしませんか？

最近の映画は金曜日に公開されることが多いので、**「映画の原作本＝金曜日の朝に投稿する」のがベストタイミング**。投稿日を意識することで、「映画の宣伝」もできるんです。

すでに公開が終了した原作本にはこの方法は使えませんが、評判が良かった作品は、のちに「金曜ロードSHOW!」などの地上波で放送されることがあります。その場合、放送当日に投稿することで、微力ながらも視聴率に貢献することができます。

#マスカレードホテル　#東野圭吾　#集英社　#ホテルコルテシア東京が舞台のミステリー　#本日21時からフジテレビで放送　#木村拓哉　#長澤まさみ　#明石家さんまさんもちょい役で出演

毎月、雑誌「月刊ＴＶガイド」を読んで、1カ月の映画の放送スケジュールを調べているのですが、木村拓哉さんと長澤まさみさんが出演された映画「マスカレード・ホテル」は、2020年1月3日にフジテレビで放送されることが前もってわかっていたので、満を持して当日の朝に投稿しました。フォロワーにとっては何気ない投稿に思えても、実はその背景には、膨大な情報収集と念入りな準備があるのです。

タイトルの「季節」や「時期」に合わせて投稿――パターン④

夏にカラオケに行くと、「今日は夏うたしばりでいこう！」とサマーソングばかりを歌ったりしますよね。サザンオールスターズ「真夏の果実」、ゆず「夏色」など、〝夏〟というキーワードがタイトルに入っている曲を歌うことで、季節感を味わえる。これは四季がある日本に生まれた特権です。ぜひ読書にも取り入れてみましょう。

「季節感」があるタイトルの作品は、その季節に合わせて投稿します。

たとえば、歌野晶午さんの『葉桜の季節に君を想うということ』は桜が散って、ちょうど葉桜になった頃を見計らって投稿しました。

#葉桜の季節に君を想うということ　#歌野晶午　#文藝春秋　#大どんでん返し小説　#見事に騙されてしまった　#人間の先入観って恐ろしい　#葉桜の今の時期にぜひ読んでみてください

「季節のイベント」がタイトルに含まれる作品も、その時期に合わせます。乙一さんの『銃とチョコレート』はバレンタインデーの2月14日に投稿しました。

#銃とチョコレート　#乙一　#講談社　#大人も子供も楽しめるミステリー　#登場人物がチョコレートの名前　#児童書なのでひらがな多め　#今日は2月14日　#満を持してバレンタインデーに投稿

あと、これはもう二度と使えないネタですが、社会学者・古市憲寿さんの『平成くん、さようなら』は、2019年4月30日、平成最後の日に投稿しました。「いよいよ平成が終わる……」という感傷的なムードになっているときに、ふさわしいタイトルだなと思ったのです。

#平成くんさようなら　#古市憲寿　#文藝春秋　#社会学者　#テーマは安楽死　#読み方はひとなりくん　#平成最後の投稿はこれと決めてた　#令和くん明日からよろしく

誰もが「#葉桜」「#チョコレート」「#平成」というキーワードにアンテナが立っている時期だからこそ、投稿を見ると「まさに今だ！」となって刺さるんですね。

本の「表紙のデザイン」にピッタリの日に投稿——パターン⑤

本の「表紙のデザイン」を見て、ふさわしい投稿日を考えることもあります。これは「写真で伝える」という特性を持つ、インスタグラムだからできること。

たとえば、たかのてるこさんの紀行エッセイ『ガンジス河でバタフライ』。2007年に長澤まさみさんが主演でドラマ化された作品ですが、この本の表紙には、たかのさん本人がガンジス河でバタフライをしている写真が使われています（まさにタイトルそのまま！）。

「人が泳いでいる表紙」の本を投稿するのにピッタリの日、それは7月の第3月曜日の「海の日」でしょう。

#ガンジス河でバタフライ　#たかのてるこ　#幻冬舎　#爆笑紀行エッセイ　#女子大生の海外一人旅　#今日は海の日　#海に行ってバタフライをしましょう

これを見たフォロワーから、「海に行ってバタフライをしてきました！」というコメントは残念ながら届きませんでしたが、「海の日を狙って投稿してきたな」という〝遊び心〟を感じてもらえれば満足です。

もう1冊、江崎グリコチョコレートマーケティング部部長・小林正典さんが書かれた『結果を出すのに必要なまわりを巻き込む技術』という本があります。タイトルや著者の経歴だけを見ると、ごく普通のビジネス書のように思えますが、この本はお菓子の「ポッキーのパッケージ」が表紙になっているんです。

「ポッキーが表紙」の本を投稿するのにピッタリの日、それは11月11日の「ポッキーの日」でしょう。

#結果を出すのに必要なまわりを巻き込む技術　#小林正典　#ポプラ社　#江崎グリコチョコレートマーケティング部部長　#今日は11月11日　#ポッキーの日　#満を持しての投稿

「ポッキーの日」がトレンドワードになっていた令和1年11月11日、1が5つ揃ったおめでたい日に投稿しました。「ポッキーを買いました！」というフォロワーはおらず、江崎グリコのお菓子の売上に貢献することはできませんでしたが、これも〝遊び心〟を感じてもらえれば満足です。

「本の内容」にピッタリの日に投稿——パターン⑥

「タイトル」「表紙」ときて、最後にもう1つ。本の「内容」から、ふさわしい投稿日を考えることもあります。

2003年に公開されて、世界中で大ヒットした映画「ラブ・アクチュアリー」。クリスマスを題材にした笑いあり涙ありのラブコメディで、ご存じの方も多いでしょう。この映画のノベライズ本を投稿するのにピッタリの日は、クリスマス・イブの12月24日ですよね。

#ラブアクチュアリー #リチャードカーティス #竹書房 #クリスマスを題材にしたハートウォーミングなラブコメディ #今日は12月24日 #素敵なイブをお過ごしください

劇中に出てきた「イブの夜にピッタリのセリフ」を、いくつか抜粋して紹介しました。言葉というのは、伝えるのにふさわしいタイミングがあります。この投稿は12月24日に読むからこそ、リアリティがあって、フォロワーの心に響くかなと。

そしてこの8日後、元旦の1月1日には、北川達也さんの『祈り方が9割 願いが叶う神社参り入門』という本を投稿しました。「鳥居をくぐるときの手順」「手水の取り方」「賽銭箱の前での作法」など、神社に参拝するときのマナーが詳しく書いてあったので、重要なポイントを抜粋して投稿すれば、これから初詣に行こうとしている人の参考になると思ったからです。

#祈り方が9割　#北川達也　#コボル　#神道家　#神社参りのマナー　#願いを叶えるための祈り方　#2020年元旦　#これから初詣に行く方のご参考になれば　#今年もよろしくお願いします

読み終えた本を投稿するのにピッタリの日を、365日の中から選ぶ。ここまでに挙げた6つのパターンの事例を見ると、どれも「言われてみればなるほど」と思うでしょう。でも、この「ちょっと考えればわかりそうなこと」を、何もないところから思いつくのがけっこう大変だったりします。たかが読書記録、されど読書記録。突き詰めると奥が深いということがおわかりいただけたでしょうか。

読むときは「一人クリッピング」、読んだあとは「一人マーケティング」

床に食べ物を落としたときに、3秒以内に拾えば食べても大丈夫という「3秒ルール」ってありますよね。何でも落としたものはすぐに拾ったほうがいいと思いますが、**読み終わった本は、すぐに投稿する必要はありません。**テキストの下書きさえ完了していれば、その後はしばらく寝かせておいてもいいし、順番の入れ替えも自由です。

実際に、私は読んだ本をまったく順番どおりに投稿していないのですが、言わなければ誰も気づきませんし、何の問題もありません。いつ投稿してもいいんだったら、なるべく「その季節」や「その日」に合ったものをぶつけたい。

これって、やっていることは「マーケティング」と同じだと思いませんか？

健康雑誌『Tarzan』は、毎年2月（=東京マラソンの前）になると必ず「ランニング特集」が、夏になると必ず「腹を凹ます特集」が組まれます。それぞれ、世の中の人が「ランニングに対して関心が高まる時期」「薄着になって体型が気になる時期」にふさわしいコンテンツをぶつけてきているんですね。

でも、もしこれが逆だったらどうでしょう。2月の寒い時期に「腹を凹まそう」と言われても、「腹が見えるような格好なんてしないし別にいいや」と思いませんか？夏の暑い時期に「ランニングをしましょう」と言われても、外で走る気にはならないですよね。特集の内容自体は悪くないのに、**掲載するタイミングを間違えると人の心には届かない**のです。

第2章で、「読書というのは『一人クリッピング』みたいなものだ」と言いました。「自分株式会社」の欲しい情報が含まれるキーワードを頭に入れて、書籍代を払って、自分で収集するような感覚で読む。読書中にすることが「一人クリッピング」なら、読んだあとは「一人マーケティング」に取り組みましょう。

ＡＫＢでも人気のある子は、複数のグループを兼任していますよね。あなたも今日からは「調査部」と「マーケティング部」の兼任になりました。**本から集めた情報をより多くの人に届けるために、タイムリーな時期を見定めて投稿する。**ぜひ「自分株式会社」でもチャレンジしてみてください。

おわりに

「これから先の人生は、どれだけたくさんの人と会うか、どれだけたくさん本を読むか、どれだけたくさん旅をするかで決まる」

社会人になりたての頃、この言葉と出会った私は、「3つすべてをバランス良くやっていこう！」と意気込んでいました。でも、たくさんの人に会うのはどうも億劫で、休みのたびに旅行をするのもお金がかかってしまう。

だから、最後に残った「たくさんの本を読む」だけは人一倍やろうと心がけてきました。これだけが唯一、自分が無理せずに継続してできることでした。一人で静かに本を読むのが何よりも大好きで、今でもそういう時間がないと心がバランスを崩してしまいます。

たとえば、「趣味が腹筋」の人がいるとします。腹筋をするのが大好きで、毎日熱心に取り組んでいて、気づいたときにはサッカーのクリスティアーノ・ロナウド選手のように、6つにパックリ割れていた。すると、こう思うのではないでしょうか。

「腹筋を、誰かに見せたい」。

私の読書も、ただただ好きでやっていたことでしたが、頭の中をたくさんのボキャブラリーが通過していくうちに、「自分も、文章を書いてみたい」「書いた文章を、誰かに見てもらいたい」という気持ちになりました。本を出版したい――。こう思ったのが、今から約5年前の話です。

本書は、私の「持ち込み企画」です。自分で企画書を作成して、約20の出版社に手紙を添えて送りました。その結果は……。就職活動のときは「お祈りメール」をたくさんいただきましたが、ほとんどの出版社からはそのメールすら送られてきませんでした。いわゆる「門前払い」。きっと封筒から出されることもなく、ゴミ箱に直行していたのでしょう。

社会的な知名度や実績がないため、多くの出版関係者から「なんだこの石ころは」と踏まれたり、蹴られたりしてきましたが、フォレスト出版だけは「今は石ころだけど、磨いたらダイヤモンドになるかもしれない」と可能性に賭けてくれました。出版不況の時代に、根拠のないものを信じることがどれだけ大変か……。チャンスをいただいて、感謝の気持ちしかありません。

自分が書いた本を誰かに読んでもらうということは、仮に1冊を2時間で読み終わるとすると、「その人の人生の貴重な2時間を奪う」ということです。

2時間あれば映画が1本観られますし、1キロ6分ペースでいけば20キロ走れます。オールナイトニッポンを最初から最後まで聞くこともできますね。

世の中には娯楽がたくさんあって、有名な作家もたくさんいるのに、こんな新人著者の本をわざわざ手に取って読んでくれる読者の「2時間に見合う価値」を、必ず提供しなければならないという思いでした。

ここまで読んできて、「アスリートや芸能人の名前がよく出てくるな」と思われたかもしれません。これは、私が入社してから現在に至るまで、一貫してスポーツ新聞の調査を担当し、毎日のように〝スポーツ〟と〝芸能〟の情報に触れてきたからです。「歴史上の偉人の言葉」や「海外の研究結果」を引用したほうが、書籍としては箔が付いたかもしれませんが、明らかに背伸びしていて、「借りてきた言葉」を並べるだけになってしまう。その後ろめたさが、きっと行間に出るような気がしたんです。そうなるよりは、自分に馴染みがある分野で語ったほうが、「血の通った文章」が書けるのではないか、と。

というわけで、本文中に散りばめた事例やフレーズは、すべて私が仕事で目を通した新聞・雑誌、プライベートで読んだ本、観たテレビ・映画の中からコツコツ集めたものです。何年もの間、ずっとネタ帳に書き溜めていた〝貯金〟を、ここで一気に引き出しました。なんだかもう、1作目から「ベストアルバム」を出したような気分です。

ライターさんをつけずに全部自分で書いたため、文章力に一抹の不安がありますが、あなたの心に何か1つでも残せたものがあったなら、こんなにうれしいことはありません。

これからもインスタグラムで読書の情報を発信していきますので、よかったら「名もなき読書家（@no_name_booklover）」をフォローしてください。すでにフォローしていただいている方は、今後ともどうぞよろしくお願いします。最後までお読みいただき、本当にありがとうございました。

２０２０年4月

村上悠子

【著者プロフィール】
村上悠子（むらかみ・ゆうこ）
情報クリッピングマスター。
京都市生まれ。立命館大学産業社会学部卒業。2005年から現在まで、クリッピング業務（＝新聞・雑誌から必要な記事を見つけて切り抜くこと）に従事。「文章を読むプロ」として14年間、毎日朝から晩まで「アンテナを立てて、情報を漏らさず、大量の活字を読みまくる生活」を送り、クライアントに20万点以上の記事を提供してきた実績を持つ。プライベートでも近所の図書館を10カ所はしごするほどの“無類の本好き”で、これまでに3,500冊を読破。読んできた文字数の合計は、公私を合わせると「30億字」を超えている。これまでの経験・知識・知恵から導き出したノウハウを「キーワード読書術」として完全体系化。本書が初の著書となる。

◎著者 Instagram：「名もなき読書家」（@no_name_booklover）

情報吸収力を高めるキーワード読書術

2020年4月19日　初版発行

著　者　村上悠子
発行者　太田　宏
発行所　フォレスト出版株式会社
〒162-0824 東京都新宿区揚場町2-18　白宝ビル5F
電話　03-5229-5750（営業）
　　　03-5229-5757（編集）
URL　http://www.forestpub.co.jp

印刷・製本　中央精版印刷株式会社
©Yuko Murakami 2020
ISBN978-4-86680-080-6 Printed in Japan
乱丁・落丁本はお取り替えいたします。

情報吸収力を高める
キーワード読書術

読者の方に無料
特別プレゼント

読書記録を投稿するときに使える！
「一人マーケティング」事例集

（PDF ファイル）

著者・村上悠子さんより

本書第６章では、インスタグラムで読書記録を残す際、本の各ジャンル別で投稿のタイミングについて解説しました。今回、著者の村上さんが実際に投稿したタイミングを月別でまとめたものを特別プレゼントとしてご用意しました。ぜひダウンロードして、あなたが SNS で読書記録を投稿する際にお役立てください。

特別プレゼントはこちらから無料ダウンロードできます↓

http://frstp.jp/keyword

※特別プレゼントは Web 上で公開するものであり、小冊子・DVD などをお送りするものではありません。

※上記無料プレゼントのご提供は予告なく終了となる場合がございます。あらかじめご了承ください。